皇《オウ》の時代への大転換期

「自立共育」子育て実践編

小山内洋子
遠藤小夜佳

コスモ21

カバーデザイン◆平本祐子
カバー(表)の花の絵◆井上竜之介(8歳)
カバー(裏)の星の絵◆井ノ山遥一(8歳)
本文イラスト◆りむ(15歳)

はじめに

『天縄文理論』即ち「宇宙のルール」には、〝働く〟〝勉強する〟は存在せず、〝遊ぶ〟しか存在しないという理（ことわり）を伝えたいと思います。

本来、学校は遊び場。遊ぶことと、十分な睡眠でしか知恵は出ない。これから一番必要なことは、すべての人が生きる知恵を出して自立することです。

ところが、学校は今までの古い知識や常識といった、これからの時代には通用しない不要なもの（ゴミ）を詰め込む場になっていて、行く必要がないというのが、宇宙のルールです。

近年、学校に行かないことを選択する子どもたちは、もう宇宙のルールどおりに生きていて、このことを魂レベルでわかっているのです。

それに引き換え親は無理矢理学校へ行かせようとする、今の親と子の感覚があまりにも乖離していることに危機感を覚えています。
『皇の時代への大転換期　大人のための自立共育』のカバーに

学校へ行かない子どもたち。
今、何が起きているのか。

異次元世界に生きる
子どもたちの出現！

祖の時代―個性を潰す「均一教育」
転換期―個性を伸ばす「自立共育」
皇の時代―個性を生かす「魂職習育」

と書きました。

教育を「共育」の字に換えた理由は、教育の「教」とは先生や親が自分たちの都合の良いように教える、先生のための親のためのものという意味です。

変わってこれから皇の時代になるに連れて、子どもたちを自立させるため、社会全体で共に育む時代になるからです。

ところが、私の見る限りでは、子どもは時代の流れに則ってこの理論どおりに生きているのに対して、今までの古い価値観で生きている大人が、子どもたちの個性的な生き方を妨害しているのです。親や教育者たちは、子どもたちから「もう時代は変わったよ」とシグナルを送られているのに気付こうともしません。

つまり、皇流に生きる異次元の子どもという大人、今までの古い価値観の祖流の生き方をしている大人という小人。すべてが逆転していることを目の当たりにして、今の最重要課題は、祖流の生き方をしている大人こそ自立が必要だと思いました。

『自立共育』の本が出版されて様々な反響があり、各地の交流会で学校に行かないことを選択した子を持つ母親からの多くの相談が寄せられています。しかし、そのほとんどが理論的質問ではなく人生相談なのです。

私の役割は、これから迎える新しい時代、皇の時代の宇宙のルールと生き方を伝えることであり、それに基づいて各人が自分で考えて生きていく自立をしていただくためのものです。従って、人生相談は私の役割から外れますのでやってはいけないことになります。けれども、相談者自身が理解できるように理論的なヒントを伝えるように心掛けています。

そのような体験から、今子育てに悩む母親がこんなにも多いのかと驚くばかりです。「『自立共育』を読んですごく安心しました」「楽になりました」「これでいいんだと答え合わせができました」など、お声をたくさんいただいております。

私はいつしか、この『自立共育』に書いた宇宙のルールどおりの子育てを実践している親子に巡り合えたらいいなあと思っていました。

そんなとき、一本の動画が私の前に出現しました。『自立共育』の本を読んで感想を話し合っている三人のお母さんたちの動画でした。その三人の方が揃って『自立共育』の本を読んで、「今までしてきたことの答え合わせになりました」と話されていました。

私はその中のお一人に注目しました。彼女は『自立共育』の本に一月（二〇二四年）に出会ったばかりで三人の子育てをするシングルマザー。長男二十六歳はうつでニート、次男二十歳は発達障害、一番下の長女十五歳は学校に行かないことを選んだ子。でも、自分自身の時間ができるようになったと明るく楽しそうに話していました。私は彼女の中に強い信念と覚悟のようなものを感じ、すごい！もっと話を聞きたいと思っていたところ、二月の東京の交流会に来てくださいました。

親睦会の食事の席で隣になり、子育ての話を伺い、まさに『自立共育』どおりの子育てをしている方に巡り合った必然の出会い、と感動しました。帰りの電車も同じ、住まいも近くで話が尽きません。お名前は遠藤小夜佳さん。翌日私は早速遠藤小夜佳さんに『自立共育』の実践本をぜひ書いてほしいと依頼、快諾していただき、お子さんたちも承諾してくださったとのこと。

後日、コスモ21の山崎社長と三人で打ち合わせ中、山崎さんから私と小夜佳さん二人のやり取りを聞いていて、対談本が良いのでは？　と提案していただき決定しました。

けれど、対談が始まって小夜佳さんが最初から皇流の子育てをしていたわけではないことを知りました。長男、次男、長女と出産するたびに次々に起こる思いもよらない問題と壮絶な闘いをし、試行錯誤し、すべて手探り状態で右往左往し、長い葛藤の末、今までのやり方をすべて諦めて手放したことで辿りついたのが皇流の子育てだったのです。そのお話を聞いたとき、正直、私の出る幕ではないと思いました。

そこで、対談というよりも、小夜佳さんの体験をできるだけたくさん、じっくりお聞きしたほうが良いのではという思いに至り、私はひたすら聞き手に徹し、最小限の会話にとどめました。

なお、本書は私が出版した『皇の時代への大転換期　大人のための自立共育』の実践編ですので、皇の時代の基本ルールは書いておりません。ぜひ『皇の時代

への大転換期　大人のための自立共育』とセットでお読みいただくと理解が深まると思います。本書が少しでも皆様の参考にしていただければ幸いです。

小山内洋子

二〇二四年五月吉日

皇の時代への大転換期 「自立共育」子育て実践編……もくじ

はじめに 3

パート I

大転換期の子育て
——「これで良かったんだ」と答え合わせができて腑に落ちた

阿部文子・檜山尚美・遠藤小夜佳

すでに知っていることの答え合わせをしているみたい 19
生活範囲をはるかに超えたことが語られていても、なぜか合点がいく 25
読むと勝手に魂に響いてくる 27
自然のリズムに合うと、なんでもぴったり合う 30

生きていることがどんどん楽になってくる 34
「この本に書いてあることを信じないでください」と書いてある 36
この本を読まなかったら、ずっと過干渉だったかも！ 38
娘に「二十歳になったから、これからは何もしません」と宣言 40
子どもはなんでも知って生まれてきている 44
子どもが学校に行けなくても笑顔で見守っていればいいと理解できる 46
人に聞くと自然の流れから外れてしまうかもしれない 49
一人が目覚めると一万人が目覚める 52

パート II

「自立共育」子育ての心得
——全部放っておく、放っておくでいい

小山内洋子・遠藤小夜佳

初めは教科書どおりの子育てを目指していた 56

私が目指したのは祖流のお母さんだった　63
長男と向き合えたことが本当に良かった　66
地球上はまだ祖の粗い空気に覆われている　70
次男は一歳半検診で発達障害の疑いを指摘された　73
小さいときに食事の偏りがあっても絶対に大丈夫　78
発達障害は祖の側から見た判断　85
次男は自分のペースが邪魔されない場所を自ら選んだ　91
子どもの邪魔をしなくて良かった　95
どう生きるかはその子が背負って生まれてきている　98
喋らなくても波動が合えば通じてしまう　102
自分のリズムでいるのがいちばん　106
将来のためと今を我慢しているのは本当につまらないこと　109
今は私の想像を超えた世界なんだ！　115
子どもは素晴らしいセンサーで生きている　122

子育ては自分を見つけるいい機会　133
天縄文理論の実験は命がけ。できないことははっきり断る　138
皇の時代のセンサーは女性にしかついていない　146
自分が自立していないと本当のパートナーは見つからない　152
発達障害の次男が我が家のキーパーソン　157
自由にしておいてくれたことが親に対する最大の感謝　162
これもあれもと思っているとゴミをつかんでしまう　167
日本がいちばん最初に皇になる　173

パート III

「私がやってきたこと、ここに書いてある！」
――皇流の子育ての太鼓判をもらった！

大塚真実・遠藤小夜佳

やってきたことがここに書いてあった　182

子どもの目線にとことん立つ　186
「万が一帰ってこなくても致し方ない」と腹をくくった　189
この本には皇の時代の子育てが書いてある　191
皇の時代の子育てを知るとすごく楽になる　195

おわりに　198
☆皇流の子育てを実践すると楽しく生きるヒントが見つかる　198
☆素敵な出会いから生まれた絵で本書をデザインできました！　202

パート

I

大転換期の子育て

――「これで良かったんだ」と答え合わせができて腑に落ちた

阿部文子・檜山尚美・遠藤小夜佳

このパートをお読みいただく前に、はじめに私（小山内洋子）からぜひお伝えしておきたい大切な基本的ルールがあります。

私たち人間を含む目に見える人、見えない人すべての生きものは自然環境の中に住んでいます。そうして、環境によって生き方を初め性質や思考等が左右されます。さらにいつの時代にもその環境に適合できる生きものしか存在できません。

そう考えると環境はとても大事なものです。

自然の中に環境の座標軸というものが存在します。

詳細は『皇の時代への大転換期　大人のための自立共育』を参照していただくことにして、ここでは簡単に説明します。

座標軸はタテ軸、他にヨコ軸、前後軸と三軸が存在し、その三軸の交点が自然の今になります。その自然の交点の今と自分の今がピッタリ合ったとき、人生すべてうまくいく最高の人生が送れるようになっています。

ところが、今まで祖の時代には自然の今が固定されていたのでうまくいっていた人でも、この祖と皇の時代の間の移行期になってから、その自然環境の座標軸

（タテ軸）が上と前に移動しつつあるため、今までと同じ祖流の行動をしていると、自然の今と自分の今がずれてしまい、うまくいかなくなります。

では、移行期の自然の今と自分の今をピッタリ合わせるには、どういう生き方をすればいいのでしょうか。

移行期の最高の生き方、つまり、宇宙的進可の生き方は、何もしないでのんびり、ゆっくり、ゴロゴロ、ボーっとすることです。

わかりやすくいえば、ニートやプータロー的生き方です。

アリやハチは一つの集団の中に、働くアリやハチが八割と、働かないアリやハチ二割で配分されていて、すべてをその八割の働くアリやハチだけにしても、やはり働かないアリやハチが二割出てくるという話を聞いた記憶があります。

それはなぜか。何か突発的な異変が起きて働きアリやハチが絶滅の危機に襲われたとき、集団を維持させるために残り二割のアリやハチが働くようになっているのだとか。つまり、それが自然の法則なのでしょう。

そして面白いことに、この法則は人間社会にもピッタリ当てはまるようなのです。企業内でも必ず、働き者とそうでない者に分かれます。その働き者の集団だけにしても、また働き者八対働かざる者二の割合になってしまうというのです。

そこで私はハタと気付きました。今の移行期には働かなければ食べてられないと不安で必死に働いている人と、一方であまり働かず何とかなるから今を楽しんで生きたいという人がいます。両者の割合は詳しくわかりませんが、たとえば、「エムエム・ブックス」の服部みれいさんのところに届く私の本の感想文の職業欄には「ゆっくり、のんびりしています」と書いてくださる方が大勢いらっしゃるそうです。

なぜ、このように分かれるのか。先ほどの自然の法則に当てはめてみると、今必死で働いている祖の人がだんだん消えていったある時期に、今まで働いていなかった待機中の皇や桔の人々が先導して働き出すのではないかと思います。

その宇宙のルールどおりに、人生の今ここを楽しみたいという人は、周りの雑音に振り回されず、余計なことも考えず安心して、のんびりゆっくり過ごしてください。

では、『皇の時代への大転換期「自立共育」子育て実践編』の最初に、阿部文子さん（東京交流会主催者）と檜山尚美さん（東京交流会参加者）、遠藤小夜佳さん（本書の共著者）の三人がフェイスブック上で行ったライブ（二〇二四年一月）を転載したお話から始めましょう。

すでに知っていることの答え合わせをしているみたい

【文子】今日はこの三人で、皇の時代の本について少しお話をさせていただきたいと思います。私がフェイスブックに投稿しているので見たことがある方もいらっしゃると思うんですけど、どうでしょうか。私が尚美さんに皇の時代の本を紹介して、尚美さんが小夜佳さんにご紹介していただきましたが、そんなふうに「皇の時代」の輪がどんどん広がっていっている状態です。

この本（『皇の時代への大転換期　大人のための自立共育』）を読んでいると、私がお二人にお伝えしたように、みんなに伝えたいなという気持ちがどんどん湧いてきてしまうんですよね。ですから今日は、三人それぞれ『皇の時代への大転換期　大人のための自立共育』を読んでみての感想を中心に、お話をしてみたいと思います。

では、尚美さん、お願いします。

【尚美】 ありがとうございます。今、文子さんから紹介された檜山尚美でございます。私は『自立共育』の本を読んだとき、カバーにある「学校に行かない子どもたち」という言葉が最初に目に飛び込んできました。

私は今、長野県に住んでいますけど、長野県は子どもの自殺がいちばん多いと聞いて、ものすごいショックだったんです。同じく本のカバーには「異次元世界に生きる子どもたち」とも書いてあります。今、お子さんのことで戸惑っているお母さんたちがものすごく多いと思いますが、子どもたちはこういうふうに生きるといいんだ、こういう「皇の時代」に向かっているんだということが少しでもわかれば、子どももお母さんもすごく楽に毎日を過ごせるんじゃないかと思っています。私は、このことをいちばんお知らせしたいんです。

【文子】 小夜佳さんは、『自立共育』の本をいつ知りましたか。

【小夜佳】 一カ月も経っていないと思います。「小夜佳さんに、これ、すごくいい本だと思うよ」って尚美さんに教えていただきました。

私は十五歳から二十六歳までの三人の子どもがいるシングルマザーです。三人三様ですごく個性的で、長男はうつでニート、次男は発達障害、まったく行かないわけではないのですが、いちばん下の子は学校に行かない選択をしています。

一人目の長男のときは、私は真面目なお母さんになりたくて『たまごクラブ』とか『ひよこクラブ』をバイブルに、良いお母さんをやっていました。ところが、なんか全部うまくいかなくて。長男はとてもいい子なので、私のやることを飲み込もうとしてくれたけれど、途中で苦しくなっていろんなことが起こりました。

二番目の発達障害の子どものときは、普通じゃないことがたくさん起こってきて、育児ノイローゼ気味にもなって。学校の先生や療育の先生、病院の先生、先輩ママの話を聞いたり、いろんな本とかも読んだりして、たくさん見聞きしたたんです。なんとなく「うん、うん」と思うんだけど解決には至りません。私が子育てをしていくなかで、うちの子どもたちにはどれも当てはまらないし、なんか違う次元のことが関係しているような感じがしていました。

「子どもたちって宇宙人なんだよ」と教えてもらったこともありました。たとえば、発達障害の子どもって言葉が通じないことがあるけれど、宇宙語だからわからないのは当たり前。はじめて会った宇宙人に日本語で「なんでわからないの？」って言うのはおかしい。そういう視点で子どもと向き合ってみると、すごく通じ合える気がして。

次男以外の子どもたちとの付き合いでもいろいろあったけれど、子どもたちは「宇宙人」という視点が私の子育てをとても助けてくれました。今では、すでに我が家の子たちは大きくなっていますが、尚美さんにこの本のことを教えていただいたとき、私がこれまで子育てで通過してきた世界をうまくまとめてくださっているのかもしれないと直感が働いて、すぐに買って読みました。

はじめて本を開いたときに、すごいエネルギーを感じました。引き込まれるように読んでみると、「やっぱり私がやってきたことは良かったんだ」と、ものすごく腑に落ちたんです。

【文子】 尚美さんがフェイスブックに上げてくださった記事にも「答え合わせ」というワードがありましたが、私もそう思いました。

今は本当にわからないことがたくさん起こっていて、たとえば、なぜコロナはこんなに世界を席巻してしまったのかとか、子どもの不登校がどうしてこんなに増えているのかということについて、本を読むと「なるほど」と腑に落ちる言葉が書かれているんです。だから、私も「答え合わせ」という印象がありました。

読んでくだされればわかると思いますが、不思議な感じで書かれているところもありますし、宇宙とのつながりなども書かれています。それでも、なぜか納得してしまうし、なぜか腑に落ちるんです。「あっ、なるほど」と思わせる力みたいなものを感じました。読んでくだされればわかると思います。

【小夜佳】 なんかすごく不思議な感じで浮世離れした話かもしれないけれど、すべては私にとってベストなタイミングで起こってきます。人との出会いも、こうした本との出会いも、必要な知識もそうなんです。今、こういう情報が欲しい、こういう人とつながりたいと思っていたら、最近は叶うスピードがどんどん早くなっているなと感じています。

自分の子どもたちのこともそうだし、私が仕事でお母さんたちと関わるなかでも、ちょっと違った視点が欲しいなと思っていたのですが、そのとき尚美さんとか文子さんとつながることができました。そこで『自立共育』の本のことを教えてもらい、これまで自分がやってきたことと答え合わせをすることができたんです。

具体的なことが細かく書かれているわけではないですし、全体としてはわかりやすく書かれているけれど、難しい言葉も出てきます。でも、先ほど文子さんがおっしゃったように、なんだかわかるんです。

【文子】 私たちの知っていることが書かれているんですよ。

【尚美】 すでに知っていることの答え合わせをしているみたいですよね。

【小夜佳】 そういう感じです。

生活範囲をはるかに超えたことが語られていても、なぜか合点がいく

【文子】まさにそうです。そういう感じです。ただ思い出しているだけ。いろいろな話に触れていると、結局同じようなことを言っていると感じたり、あの人も同じようなことを言っていたなとシンクロしたりすることがよくあります。とくに、この本との出会いはまるで待ち合わせをしたかのようでした。

それは魂の約束で、いちばんいい時期に待ち合わせをしていたかのようにちゃんと出会えるようになっていたんです。

そして、なんか不思議だなとか、どうしてこうなっているのだろうと思ってきたことに対する答えに出会えるんです。そう言っても過言ではないくらい素晴らしい本なんじゃないかなと思います。くり返しますが、不思議だな、なんでだろうとずっと思っていたことが、本当によく理解できます。

私たちの生活範囲、たとえば日本とか地球とか銀河系とか、そういうレベルを

超えた、はるかに大きな世界とか宇宙のメカニズムが語られています。なかなか難しいのだけれど合点がいってしまう。宇宙物理理論というかたちで理論書も出ています。それが『これから二五〇〇年続く皇・縄文時代　天縄文理論』です。

これはとても分厚い本で、重みがありますよね。この理論書に基づいて『大転換期の後　皇の時代』が書かれていますし、『皇の時代への大転換期　大人のための自立共育』も書かれています。

その内容は、ここ何年かで書かれたものではありません。今、これらの本を書かれているのは小山内洋子さんという方ですが、この方の師である小笠原慎吾さんという方が五十年かけて、体をぼろぼろにしながら研究したことを、小笠原慎吾さんが亡くなった後に小山内洋子さんが本に書かれたんです。

本当に人生をかけて研究されたことが本につまっています。その重みといいますか、そういうことも本の中で紹介されているので、師の思いを継いで洋子さんが書いてくださっていることがよくわかります。一言、一言にすごく魂が入っているし、すごく強い思いが入っているなって思います。私は、読む度にそのことをびんびん感じてしまうんですけれど、尚美さんはどうですか。

【尚美】ちょっと悩んでいる方にこの本を紹介したら、「あっ、これで良かったんですね」とストンと落ちたんです。今までずっと悩んでいたのに、この本を読んでいたら「これで良かったんだ、楽に生きていいんですね」と言います。それを聴いたとき、この本のすごさが心底わかったんです。本との出会いで、こんなに変わるんだとびっくりしちゃって。

確かにすごく大きなことも書いてあるし、すぐには理解できないこともいっぱい書いてあるけれど、なんか魂で読み込んでいるという感じもします。だから、私はいつも側に置いています。本当にそんな感じなんです。

読むと勝手に魂に響いてくる

【文子】仙台の真美さんが交流会の主催をしてくださっていて、私も交流会をやったらと言ってくださったんです。すごくエネルギッシュで熱い方です。

【尚美】本を読むと、勝手に魂に響いてくるっていう感じですよね。

【小夜佳】なんか本の宣伝になっちゃうかもしれませんが、掛け値なしでそうですね。

【文子】でも、私たちは回し者ではございません。ただのファンです。

【小夜佳】やはり読むのがいちばんわかりやすいけれど、私の周りにはこの本のことを知らない方がたくさんいらっしゃいます。そういう方にお勧めなのは『皇の時代への大転換期　大人のための自立共育』だと洋子さんが教えてくれました。私の知り合いにはお母さんが多いですし、小さいお子さんを育てている方や、うちのようにアラサー近くのお子さんがいる方もいます。お子さんの年齢に関係なく、読んでくださるといいなって思います。

【文子】読むと、本当に楽になりますよね。力を抜いて生きるという人生観にシフトすることもできます。それくらい力のある本なんです。何十万円もかかる講座を受けるわけでもなく、二千円ちょっとの本で、すべてがわかってきます。

【尚美】楽に樂しく、ですものね。書いてあるとおりだなって思います。

【小夜佳】この間、打ち合わせをしたときに文子さんが、皇の時代の話ができる場があまりないから、こういう場はとても楽しいとおっしゃっていたじゃないですか。この間のフェイスブックでも、皆さん、この話をできることがうれしいと言っていたんです。

私も読んでいたら魂に響いてくるから、これで良かったんだ、みんな聞いて、聞いてみたいな気持ちになるのは、本当によくわかります。

【文子】仙台の真美さんがフェイスブックグループも作ってくださっているので、そちらにも参加してもらって、もっとアクティブなやりとりができるようになるといいなと思っています。

【小夜佳】私はますますオープンなスタイルでいられるようになったので、日々、安心感に包まれているんです。普段は何か新しいことをやってみようとすると不安がつきまとうけれど、本当に必要だったら進むはず、ヘルプが入るはず、ダメなら違うということ、そういうことが、この本に出会ってからすごく腑に落ちるようになったんです。

自然のリズムに合うと、なんでもぴったり合う

【文子】　小笠原慎吾さんと小山内洋子さんがずーっと実験されていたように、皆さんもこの本を読んで実験をしてほしいんです。たとえば、ゆっくり、のんびり歩くパターンと、急ぐパターン。車の運転でもいいと思います。せかせか生きているパターンと、ゆっくりしているパターンで、どちらが自然のリズムに合っているか実験をしてほしいんですね。そうすると、バカみたいに交差点の信号は青のタイミングになるんですよね。

【小夜佳】　文子さんは、いっぱいそうした実験をされてきているんですか。

【文子】　めちゃくちゃ、やっています。今度、富士登山をするんですけど、そのためにウォーキングをしています。ウォーキングってトレーニングだから、本当は速く歩きたいんですけど、それは私の中の皇の時代の感覚と反するので、急ぎたい気持ちとゆっくりしたい気持ちのちょうど中間くらいで歩くんです。そうす

ると、途中の信号がバカみたいに青になってノンストップなんです。

【尚美】 私も車を運転していて、このペースだと目的の時間までに着かないかなと焦っていると間に合わないことが多いんだけど、大丈夫と思って運転していると早めに着きます。

【文子】 本の中に、洋子さんが電車に乗るときの実験のことが書いてありますが、駅に着いてちょうど電車が来る、あるいは駅に着いて一息着いたころにちょうど電車が来る。そして、電車に乗ると、自分の席が用意されていたかのように一席空いていて、ゆっくり座って移動できる。これが、自然のリズムに合っているかどうかがわかるひとつのサインなんだそうです。

私の場合、今は、うそみたいに特急がちょうどのタイミングで来ますし、乗車するとうそみたいに席が空いています。自然のリズムに合うってこういうことなんだと感じながら遊びのように実験しています。

【尚美】 自然のリズムに合うと、なんでもぴったり合いますよね。

【小夜佳】 この間、そのことを伺ったので、会社に行くときなど、あまり張り切って行かないようにしたんです。そうすると、会社に行く前に三分くらいゆっくりできる時間が持てるようになりました。私の仕事は自分で時間を調整できるのですが、電車に乗るとき、そんなに慌てて会社に行っても仕事がうまくいくとはかぎりません。それなら、急いで行くより一杯コーヒーを飲んでから行こうとかベンチに座って深呼吸してから行こうと思えるようになりました。

私はお仕事のなかで内観もしますが、そのときも自分自身に「どうしたい？」とゆっくり聞くようにしています。

お仕事が終わってバスで帰るとき、ちょっと寝たくなったら、降りる予定のバス停で起こしてねと自分に言っておくと、ひとつ手前のバス停のところでぱちっと眼が覚めるんです。今、そういう居眠りの実験にはまっているんですけど、寝過ごすこともありませんし、樂しんでやっています。

【文子】本の中に、自然のリズムと合わせる方法がたくさん書かれています。たとえば、睡眠は九時間とりましょうとか、朝起きたら三〇分以内に朝食をとりましょうとか、夜は六時までにご飯を終えましょうとか。いっぱい食べるではなく腹八分でもなく腹五分でいいとか。

私たちはこれから天縄文時代に入っていきますが、ご飯をいっぱい食べてしまうと、私たちの中にいるその前の地弥生時代の祖の人を肥やしてしまうというんです。今は皇の時代の人とか地縄文時代の秸の人が生まれているんですが、私たちが自分の中にいる皇の人と秸の人を育てるには腹五分で抑えましょうと書かれています。

こんな話をすると、なんのことと思われるかもしれませんが、本を読めばすぐわかります。ご飯はいっぱい食べずに抑えたほうが健康的にもいいですよね。

【小夜佳】 なかなか五分が難しいですけれど、五分くらいにしようと思うと八分くらいになるから、徐々にやっていこうかなと思います。

生きていることがどんどん楽になってくる

【文子】私たちは本当にこの本の宣伝マンではなくて、この本を読んで単純に良かったこと、この本に出会えて良かったことをお話しているだけです。私はYouTubeを見て、『自立共育』の本のことを知ったのですが、すぐに入手して読みました。読んでいると、これで良かったんだと答え合わせをすることができたんです。

私たちのライブを見てくださったり、私たちとつながってくださっていたりする方たちは、地縄文時代の秸の人だったり、これからの皇の時代の人だったりして、新しい時代を牽引していく人ではないかなと感じます。これからは、そういう人たち同士しか会えなくなってくるし、本当に必要な人としか出会えなくなってくる。そういう時代にどんどん変わっていくんじゃないかなと思っています。

この本に出会うと、こうして生きていることがどんどん楽になってきますし、新しい時代はこうなると少し先のことが見えてきはじめます。それに連れて、生きやすくなると思います。
先ほど小夜佳さんがおっしゃっていたように、時代の転換期のなかで子育てについてもいろんなことが言われていて、すごく不安だったり苦しかったりしている方はたくさんいらっしゃると思います。でも、この本は本当に子育ても楽にしてくれます。自然に生きていればいいんだと思い出させてくれます。そんな本だと心から思います。
【尚美】 たとえば寄生虫について、それは自然のものとして存在しているわけだから、無理して駆除しなくても自然に淘汰されると書いてあります。これには本当にびっくりしましたし、納得がいきました。
【文子】 今、地球上にあるものはすべて自然がOKを出したものなんですね。たとえそれが恐ろしい兵器だったとしても、ものすごく悪い病原菌だったとしても、それらは必要だから地球上にあるし、必要がなくなれば無くなる。洋子さんの言葉を借りれば「あの世逝き」になる。私たちが今ここに存在していることも、必要だから生きているし生きられているんだと思えます。

【尚美】 すべては自分に必要だから、ということですよね。

「この本に書いてあることを信じないでください」と書いてある

【小夜佳】 そういう意味では、今を生きるにはものすごく覚悟も必要ですね。ただし、その覚悟は昭和のときの覚悟とは違っていて、必要だからあるし、必要なくなったら卒業という現実を受けとめるという覚悟です。それがないとぶれてしまって苦しくなります。なんのために生きているかもわからなくなってしまいます。だから、潔く自分を生きる覚悟をすることが大切なんだと思います。それがまさしく自立なんだと思います。

そうシンプルに思うことができると、すごく気が楽になる。このことがすごく納得できてしまうのが、この本の不思議なところなんです。

【文子】 先ほど話しましたけれど、本当に不思議なことがたくさん書いてあります。その一言一句逃さずに読もうとしなくても理解ができるという感じなんです。私が「何回も何回も読んでいます」と話すと、読むたびに印象が違ってもいいんですとおっしゃっていました。洋子さんも「読むたびに、心に響く言葉が違う」そうです。それは私たち自身が進可しているからだと言います。

本をパッと開いて、そこを読んでもいいんだと思います。それくらい力がある本だからです。

【小夜佳】 本の中に、「ここに書いてあることをそのとおり信じないでね、自分で考えてね」と書いてありますよね。

【文子】 そう、どの本にも書いてありますね。この本を信じないでくださいと。本当に面白いです。

【尚美】 『皇の時代への大転換期　大人のための自立共育』は、読んでいて本当にそうだと思いますし、そういう時代に入ってきたんだと感じます。

【小夜佳】 私は新参者ですが、本を読んだらすごく楽になったとか、腑に落ちるという感覚はよくわかります。私はお二人の生活のことをよく知っているわけではないし、私とは違うことを体験しておられると思うんですけれど、お話を聞いているだけで、本当にそうだなと思えちゃうんです。

私のように本に出会って間もない人や、まだ読んでいない人にもわかりやすく、読む前と後で体験したエピソードがあったら教えてほしい。どんな実験結果が出ましたかということですね。

この本を読まなかったら、ずっと過干渉だったかも！

【文子】私には、ちょうど二十歳になる娘がいます。この本には、子どもが二十歳になったら生きているか死んでいるかわからないくらいでちょうどいいと書かれています。私はそのことを本当に実践しました。

正直、私が過干渉で心配性だった分、子どもには負担をかけてしまう子育てをしてしまいました。だけど、この本に出会って、二十歳までで親の役目を終わっていいんだと思えたんです。それでいいんだ、それが自然の摂理なんだとわかったので、本当に何もしなくなりました。そうしたら、子どもは自分のことをどんどんやりはじめたんです。

前は私の所為にしてケンカすることもあったのですが、今はケンカすることは全然無くなっています。たとえ寝坊をしようが、何かが無くて困ろうが、私は何もしない。ご飯を食べても食べなくても、どっちでもいいし、お風呂に入っても入らなくても、部屋が汚れていても、どっちでもいい。もうシェアハウスだと思っているんです。

本当に何も干渉しません。ご飯を食べないと、以前だったらいろいろ心配していましたが、今でも心配はしますけど、本人がそれでいいと言うなら、もういいと思って手放すことが簡単にできました。

この本を読んでいなかったら、ずっと過干渉なお母さんのままだったんじゃないかなと思います。今は本当に楽です。子どもに注意を向けなくていいのは、本当に楽ですね。

【小夜佳】 子どもの先々のことを心配しなくていいのは、本当に楽ですよね。

【文子】私は自分の好きなように生きることにしています。

【尚美】自分の人生を生きられますよね。

娘に「二十歳になったから、これからは何もしません」と宣言

【小夜佳】二十歳で家を出て行ったら二度と会わないくらいの感じでいいですよね。確かに自然界の動物はそうだなって思います。

【文子】そうなんです。自然の動物と一緒ですね。本には、そのうち人間もどこで死んだかわからないようになると書いてあったので、本当に自然に戻るんだなと思いますね。動物は乳離れしたら、子どもが自分で餌を獲ることだけ教えて追い立てるようなことをするじゃないですか。人間だけなんです、一人でご飯を食べられるようになっても、ご飯を食べさせ続けるって。

でも、自然の流れからすると、人間だけ特別ではないと思います。この本に出会ってそのことがわかったことがいちばん良かったなと思っています。

【小夜佳】二十歳まで「お母さん、うるさいな」と思いながらも甘えているところがあったのに、二十歳になったら急に手を離されると子どもとしては動揺することもあると思うけれど、お嬢さんはそれを受け容れておられる感じがしますね。

【文子】いきなりというより、高校を卒業したくらいから、お互いに徐々に離れられるようになり、尊重し合えるようになっていました。そのうえでの二十歳での自立でしたから、その点は楽にできました。

【小夜佳】そのことを先に知っておくっていいですよね。

【文子】私は宣言しました。「二十歳になったから、これからは何もしません、ご自身で生きていってください」と。

【小夜佳】具体的なお話はとても興味深くてイメージしやすいですね。

【尚美】私は、シングルマザーの娘と孫のことがすごい心配だったんです。これまでは、いちばん大事なのは親、それから親族とか兄弟だったけれど、この本の中には、これからは何よりいちばん大事なのはまず自分、それから血のつながっていないパートナー、それから子どもと親、兄弟となっています。だから、本当に自分軸でいいんだと思いました。

この子たちは大丈夫、孫も大丈夫、私も大丈夫だと思って手を離すことができたら、生活がとても楽になり、毎日がのほほんと生きられるようになりました。今は一緒に住んでいるパートナーと仲良く生活しています。

【小夜佳】それ、伝わってきます。もともと尚美さんは自分軸があって、ご自分の人生を生きていると勝手にイメージしていたけれど、それでもお嬢さんとかお孫さんのことを心配されていたんですね。大半の方はそうだと思いますけれど、それを優しく手放すことで自分の時間が出来、目の前にいる人と豊かな時間を過ごすことができる。それが自然にできるってすごいですね。

この一カ月の間に障害を持っている次男が二十歳になりました。長男も一緒に住んでいます。うちの子たちはちょっとハンディがあり、最初から一人では難しいので、いきなり一人で頑張れとは言っていません。今はこのままでいいなと思っています。

私と状況は違っても、我が子にどう関わるべきか迷っているお母さんって本当に多いと思います。この本に出会うと、これで良かったんだと答え合わせができて、きっと前に進むことができると思います。

私は今働いているし、一人で何でもこなすのは大変です。たとえば、夕食はたいてい私が作るんですけれど、たまに長男が作ってくれます。それでも、丸一日何もしない日が欲しいと思ったのと、みんなの自立のためにも、私は土曜日一日は何もしないのでよろしく、と子どもたちに宣言したんです。そうしたら、みんな意外に受け容れてくれて、土曜日は自分のことだけしています。

私はこれまで、あっちもこっちもやることが多くて時間がないと思ってきたんですが、意外と時間があることに気付きました。同じ二十四時間なのに、空を見上げる時間もあるし、会社に行く電車が一本遅れても一息つく時間が持てます。

この本に、今は時代の変わり目だから、のんびり生きましょうと書いてあって、そうかと思っていたら、私の世界がやさしくて豊かに変わりました。

子どもはなんでも知って生まれてきている

【文子】これからは、自分と合う人としか会えなくなるし、そういう人たちと生きていくようになります。そこには血縁は関係ないし、自分が生きたい世界で生きられるし、素敵な仲間と素敵な毎日を楽しく過ごしていくような時代になります。たくさん物を持っていなくてもいいんです。そのように時代が変わっていくと私は理解しています。

この本に、半径四〇センチが幸せであればいいと書いてあります。半径四〇センチを幸せにする物だけあればいいと。今の時代はみんな物を持ちすぎていますね。

子どものお世話をすることも、さっきお話ししましたように、私はこれまでやり過ぎていました。お母さんをしっかりやらなきゃ、子どもをしっかり育てなきゃと勝手に使命感を持っていたんです。でも、私が何もしなくても子どもはしっかり育ちますし、皇の時代の子どもたちはなんでもよくわかっています。

【尚美】子どもはなんでも知って生まれ出てきているんですよね。

【小夜佳】本当にそうなんですよね。

【文子】秸の子どもたちはブレーキしか持っていません。だから、私たちのようなちょっと前の時代の人が、あれやこれやと言うと狂ってしまう。何も言わなくていい。何も言わないほうがしっかり育っていく。そう思うと、どんどん子育てが楽になっていくんじゃないかと思います。

【小夜佳】私はお仕事で、お腹の赤ちゃんとおしゃべりすることがけっこうあるんですけれど、最近の子はしっかりしているんです。お母さんのお腹の中に来たばかりの子も、しっかり自分があるんです。赤ちゃんはそれぞれ、どう生まれるか、どう育つかが決まっているから、なるべくそれを邪魔しないように、お母さんはほんわかしているのがいいとお話をしています。

お母さんが胎教にはこれがいいと考えちゃうと、子どもには邪魔になります。赤ちゃんがすくすく育つには、お母さんは空を見上げて「今日は天気いいな」「赤ちゃん可愛いな」と思って、ポワーンとしていてほしいんです。

【文子】 本には、年代別にこうするといいですよと書かれています。子育ての参考になることがたくさん書かれていると思います。

【小夜佳】 今は、子育てに関する情報が過多だし、子どもにもいろんなことが起きているから、これから子どもを産み育てていくことに不安を持っている女性はたくさんいます。でも、大丈夫な子しか生まれてこないんですよね。

【文子】 そうですね。子どもの年齢がこの本に書かれている年齢を過ぎていたとしても大丈夫です。気負わずに本を読めばわかると思います。

子どもが学校に行けなくても笑顔で見守っていればいいと理解できる

【小夜佳】 この本には百歳を過ぎれば楽に生きられるとも書いてありますね。

【文子】 そうですね、二百歳まで生きられる時代が来るとも書いてありますね。

【尚美】 自然に淘汰されるときは淘汰されるので、無駄に心配しないことですよね。

【文子】この本を読むと、何回も生まれ変わっていることもわかりますね。今回、お空に呼ばれたとしても、また生まれ変わってきて樂しんで生きていけばいいんじゃないかなと思えます。もちろん、今の時代にものすごく大事なことも書かれていますが。いろんな命が今と過去と未来につながっていて、私たちもそのなかの一部なんですよね。

【尚美】そのとおりですね。最近見た映画の最初に「天から降りてきたもので役割の無いものはひとつもない」という言葉がありました。本当にそうで、認可されて生まれてきて、自然に淘汰される。すべては自然が決めるから、私たちはそれに従って生きていればいいという意味だと思いますが、この本の内容はそれとぴったり一致しています。

【小夜佳】樂しいという字は、私の好きなＫ‐ＰＯＰの曲のタイトル面にも出ているんですよ。ああいうインスピレーションでお仕事をされている方たちは、時代の流れを捉えているんだなって思います。

【文子】今、日本では不登校児が増えていて問題になっていますが、今まで学校では苦手な科目も含めて全部の科目の勉強をしないといけなかったことも関係していると思います。でも、得意なことだけやって生きていける時代にどんどん変わってきています。今は時代の転換期であり過渡期なので、まだその波が目の前に見えないかもしれないけれど、感じとることはできると思います。

学校に行きたくない子どもたちがこんなに増えているのは、学校自体の在り方も転換期に来ていることを、かなりの方たちが感じているからだと思います。今はお子さんが学校に行けず苦しい状況に置かれていても、お子さんが学校に行けなくても生きていればいいですし、好きなことを一所懸命やって樂しんでいればいい。親御さんはそんなお子さんを笑顔で見守っている。それがいちばんいいんじゃないかと思うんです。

普通である、普通に学校に行く、それだけではない選択肢が今はどんどん出てきています。もしお子さんの不登校で悩んでいる方がいたら、それは変なことではなく、時代の最先端の子どもなのかもしれないし、未来から生まれてきた子どものかもしれません。この本を読んでくださると、そのことがよくわかります。

子どもたちには、この時代にそぐわない着心地の悪い洋服を着せられている感覚があると思うんです。そう感じるのは変なことではないと理解できる本でもあると思います。

【小夜佳】 子育てをしていると、そのことを子どもから教えてもらえることが本当に多いんです。子どもが学校に行かないとか制服を着ないと言い出すと、びっくりするんですけれど、子どもと同じ目線になって、この子はどっちを向いているのかなと見ていると、今欲しい情報がばんばん入ってくるようになります。以前の私は昭和の情報で考えていましたが、子どもたちを通してまったく新しい情報が入ってくるようになりました。

人に聞くと自然の流れから外れてしまうかもしれない

【文子】 私たちの時代は、やはり一本の線路の上に乗っていないと生きづらかったですよね。でも、今はたくさんの線路があって、いくらでも乗り換えることができます。途中下車して休むこともＯＫです。だから、この本には、今の過渡期は、ゆっくり、のんびりすることが新しい時代にスイッチしていく唯一の方法であると書かれています。

だから、無理して苦しい思いをしてまで頑張らなくてもいい。もっと力を抜いて、ゆっくり、のんびり、コーヒーを飲みながら、お風呂にゆっくり入りながら九時間寝て……。それでいいんだよと太鼓判をもらえるような本なんです。

【尚美】それって、いちばん理想の生活ですよね。

【文子】そのことを言語化してくださっていることに、本当に感謝です。

【小夜佳】この感覚を味わってほしいですね。ピンと来た方は、本当にそれでいいんだって思えると思います。お母さんが「私、これでいいんだ」と言ってしまったほうが、子どもたちは生きやすいし、未来に向かって進んでいける。子どもの成長にブレーキをかけてしまうのはもったいないです。できれば、親に限らず大人の方たちにもたくさん読んでもらえたらいいですね。

【尚美】 大人の方たちも、読んでいただくとわかりますよね。

【小夜佳】 皆さん、散々いろんなことをやって疲れてきていると思うんですよね。

【文子】 真面目で一所懸命は時代遅れだということですよね。

それから、この本についてもうひとつ伝えたいことがあるんです。人に聞くということは、その人の途を歩くということになる、誰かの真似をすることになると書いてあります。これからは、先生に学ぶにしても本から学ぶようにし、知らないことを聞くときも一度自分で考えてみてから聞くようにする。最初から「これ、何ですか」と丸投げするのではなく、自分の中で考えたり調べたりしたうえで人に聞くようにする。そうしないと、自分の途を歩くことにならない。この本にはそんなふうに書いてあります。

だから、カウンセラーさんとかセラピストとか占い師さんは、そのうち消えていく職業だよとも書かれています。誰かの助言が欲しかったり、誰かに背中を押してほしかったり、という方はまだまだたくさんいらっしゃるけれど、それでは自分の途から逸れてしまうかもしれないし、自然の流れからも外れてしまうかもしれないことを知ってほしいんです。
自分は、この途を行きたいと思っているのに、誰かに相談してアドバイスをもらうことで、自分の進むべき線路から別の線路に移ってしまうこともありますよね。だから、この本を読んでいただくと、私たち三人がここで述べたことがはじめて理解していただけると思うんです。

【尚美】結局、自分の感覚を信じるということですね。自分軸をしっかり立てるということですね。

【文子】そのために実験をたくさんしてほしい。

一人が目覚めると一万人が目覚める

【小夜佳】私はセラピストとしては、前のように手取り足取りではなく、どうやったら自分で感じてもらえるかを意識しています。四六時中一緒にいられないから、感覚の降ろし方のお手伝いだけして、なるべくセルフでできるようになるといいなと思ってやっています。あとは、こういうコミュニティの場を作って、私はこうだったよとシェアするようにしていくといいかなと思っています。

尚美さんもやっておられますが、自分で感じていく練習をする場とか、語り合う場は必要なんじゃないかと。今は転換期だから、私の仕事はもう少し続けていきたいです。少しずつでも、みんなが自立できるところに行けるといいですね。

【文子】 自分が気付くと、周りの人たちもどんどん目が覚めていきますよね。

【小夜佳】 確かにそうですね。

【尚美】 まずは、自分の周り四〇センチですね。

【小夜佳】 四〇センチって、意外な距離感ですね。

【文子】 それだけでいいんですよ。まず一人が皇の時代を生きる。そのことを「目覚める」と書かれていますが、そうすると一万人が目覚めるんですね。そういうふうに波動が広がっていくので、まずはぶれないことがいちばん大事なんじゃないかなと思います。そのためにも、この本をしっかり読んでもらえるといいですね。

私たちは三人とも、まだまだこの本に出会って歴史は浅いです。私たちの話を読んでいただくのも嬉しいですが、この本を読んでみてください。著者である小山内さんのお話を直接聞くのもいいと思います。洋子さんのお話を直接聞くと世界が本当に変わります。

私は『大転換の後　皇の時代』を読んで二カ月目くらいのときに仙台の交流会に参加させていただきました。そのときの体験は衝撃的でした。洋子さんが語られる言葉が私の心にすごく響いて、メモを取るのも忘れて聞き入っていました。それぐらいエネルギーのある交流会でした。

Facebookライブ

パート

Ⅱ

「自立共育」子育ての心得

——全部放っておく、放っておくでいい

小山内洋子・遠藤小夜佳

初めは教科書どおりの子育てを目指していた

【洋子】「はじめに」で、どうして遠藤小夜佳さんと対談することになったかを紹介しました。では、お子さんたちのことをお聞きしていきますね。

【小夜佳】長男は平成九年生まれなので、今二十六歳で、今年（二〇二四年）の六月で二十七歳になります。

【洋子】平成生まれですね。

【小夜佳】はい。

【洋子】今まで出会ったお母さんたちは困っているから私のところに来て質問する、何もない人は来ない。そんななかでお母さんたちがこの本で答え合わせをしているという話を聞いたとき、「そんな人がいるんだ?」とまず驚きました。それはすごいなと思って小夜佳さんにぜひお話を伺いたいと思いました。けれど小夜佳さんも、これまで紆余曲折があって、そんなに最初からうまくいっていたわけではないんですね。皆さん、子育てでいろいろ心配して、ああでもない、こうでもないと悩んでいますので、その悩んだ時期のお話からお聞きしたいと思います。まず、長男さんが生まれたとき、小夜佳さんはお仕事はされていたのですか？

【小夜佳】 若くして結婚して……。

【洋子】 おいくつで？

【小夜佳】 二十三歳です。すぐに長男を授かって二十四歳になる直前に生まれているんです。仕事は妊娠してからアルバイトをしていたのですが、そこも辞めて妊娠生活を穏やかに過ごそうと思っていました。

私は、自分が早くに母親と別れて暮らしていましたし、父もほとんど家にいなくて、おばあちゃんに育ててもらっていました。長男が生まれたときは、そのおばあちゃんは札幌にいて、私は東京にいたので、教えてくれる人が近くには誰もいなくて「妊娠中はこうだよ」とか相談する人もいなくて。若かったということもあって、本当にわからなかった。それでも当時は、『たまごクラブ』とか『ひよこクラブ』というのが流行っていて、そういう雑誌を毎月ちゃんと読んだり、赤ちゃんの大百科みたいなものにもかじりついていました。妊娠のときはどう過ごすといいかとか、どういうものを食べたらいいとか、あまり興味もないクラシックのCDを買って聞くとか、結構神経質になって妊娠中は過ごしていたと思います。

今は、「子どもをよく理解できるお母さんね」とか言っていただくことが多いのですが、そんなことはまったくなくて、手探りの連続で不安でいっぱいでした。ひたすら教科書どおりにするにはどうしたらいいんだろうという感じで毎日を過ごしていました。

お陰様で、そのころは元気だったし若かったので、お産は普通にできたし、長男は予定日近くに五体満足で生まれてくれました。でも、生まれてきた我が子と対面したとき、滲み出るような感動や母性は湧かず、「なんだ、これ」みたいな感じで。「信じられない」「宇宙人みたい」な感覚だったんです。私の中から一人出てくるということが不思議すぎて……。

夫も若かったので二人で驚いて、「ちゃんと指あるね」とか「爪、生えてるね」

と観察したり、我が子が愛おしいというよりもびっくりしたりしていたというのが正直なところでした。「この子を大事に守っていかなきゃ」という気持ちもありましたが、とにかく、泣いたらどうしたらいいかわからないし、オムツの替え方もわからないので必死だったんです。

出産したのは普通の病院で、他に妊婦さんがあまりいなくて放置されていました。産後も私と同室の方はおらず、泣いたからってどうやっていいかわからなくて、ひたすらバタバタ、バタバタしていました。

【洋子】 比べてはいけないと思うのですが、私が育ったころは本当にほったらかしで、親はどこに関わっているんだろうという状態でした。私も二歳くらいで母親の実家のおばあちゃんのところに預けられて、両親はまったく関わっていませんでした。ですからほったらかされていたのに、自然に育ってきているんです。

私のおばあちゃんの家も周りも全部農家でした。農家というのは、昔は本当にほったらかしで、いつの間にか育っていたなという感じです。今はそう考えると、一人の子どもでもお母さんがすごく心配して、神経質になりすぎで、過干渉ではないかと思います。「なんでそんなことが悩みなの？」と思うことがよくあります。私自身は、子どもがいないから客観的に見ることができていると思っているのですが、皆さん、子どもを持つというのはこういうことだよと覚悟を持っているのでしょうか？

小夜佳さんは、そのあたりどうですか。二十四歳といえば遊びたい盛りですよね。私の二十四歳を振り返ると、夜な夜な飲んで踊って朝帰り。その後、仮眠をとって職場に行くという生活をずっとしていて、遊びたい盛りだったんです。それを思うと、小夜佳さんはすごいなと思うんです。

【小夜佳】 私は二十歳のときに地元札幌を出て、一人で東京に出てきて、会社の寮に入って、今でいうブラック企業みたいなところにお勤めしていました。疲れ果ててそこは辞めて、その後は昼も夜もフリーターで働いていたという感じでした。

お父さんがいて、お母さんがいてというご家庭のお友だちが多かったので、羨ましくて自分も家族が欲しかったですし、安定できる場が欲しいと思っていました。のちの夫が当時「結婚しよう」と言ってくれたとき、やっとここが安定の場所だと思いましたが、子どもを産む覚悟とかはまったくなく、考えたこともありませんでした。ただただ家族というのが出来たことが嬉しかった。

赤ちゃんを授かったときは、二人でびっくりしました。どうしようか、でも、出来たから育てよう、みたいな感じで、本当にわけがわからないままだけれど、目の前には赤ちゃんがいて、泣いているのでミルクをあげないといけない。それも適当でいいとは思えず、ちゃんと育ててあげなきゃみたいな気持ちがあった。なぜなら私は、親から「あなたはほったらかしていたら育った、縁側に転がして置いたら育っていた」とずっと言われていたんです。それが絶望感としてずっとあったので、私はちゃんと育ててあげよう、お父さんもいて、お母さんもいるという、ちゃんとした家族になりたかった。その〝ちゃんと〟の基準はわからないのですが、私なりに本を読んで勉強して、ミルクも生後何カ月目は何ccとあげていました。子どもが飲みたくなくて口からバアッと吐き出しても、いやいや何cc飲まなきゃいけないから、みたいな感じで一所懸命飲ませていました。

子どもを見て育てるというより、教科書のままに頑張っていた。何より私もいいお母さんになろうと思ったし、子どもにもいい子でいてほしかったし、夫にもいいお父さんでいてほしかった。だって、それが結婚して子どもを持つということだと思っていたから。

子どもは漠然と、勉強ができて、スポーツができて、健康で、という理想に向かって走っていました。たぶん、私自身は遊びたかったとは思います。生後間もない子を連れて、渋谷にママ友と遊びに行ったことがあります。大好きなブランドのお洋服が明治通りなどにはいっぱい並んでいても、あまり見ないようにして歩いていました。すると、それに気付いた年上のママ友から「小夜佳ちゃん、どうして伏目勝ちでこの街を歩くの?」と言われ、「見ちゃうと欲しくなってしまうから、見ないようにしている」と言ったら、「若いのだからそうだよね。切なくなるよー!」と言われたこともあります。

【洋子】 本当に、私もそう思います。すごいなと。

私が目指したのは祖流のお母さんだった

【小夜佳】 とにかく家族としての生活は守りたかったんです。夫がもらってきたお給料でこなすとか、栄養を考えるとか。成長曲線に合わせて成長させるとか。

【洋子】 標準的に？

【小夜佳】 そうです。きっと髪の毛振り乱してやっていたと思います。

【洋子】 すごくまじめに勉強しながらやっていたんですね。苦しくはなかったですか？

【小夜佳】 若かったから体力はあったと思います。

だんだん息子の自我が芽生えはじめると、当然、私の思ったとおりにはならないんです。でも長男は非常に穏やかな子で、よく眠って、暴れるというようなこともなく、おとなしくてのんびりした子だったんです。それでも、夜8時に寝かせたいのに寝ないとか、こっちが栄養を考えて作ったご飯を食べないとかすると、私は「なんで、なんで」とイライラしていたような気がします。

当時、この本を読めていれば、長男は皇の時代ののんびりした子だと思えて、「最高じゃない！」と思えたでしょうが、男の子なのに活発に外で戦いごっこもしないし、どろんこになって遊ぶということもありませんでした。道端に生えているちっちゃいお花を摘んで私にくれるような本当にのほほんとした子でした。お絵描きが好きでしたが、恐竜を描くでもなく、小さな小さな豆本みたいなものを作っていました。そこに、チワワが天使になったみたいな小さな絵を描いて、小さな字を書いてニコニコしていました。

私としては、男の子だからもっと男の子らしく育てないと大変だと思い、スポーツをやらせたらいいのかなとか、元気のいい男の子と遊ばせるといいのかなと考えたこともありました。本人はとても優しいので、やりたいことじゃなくても私がそうさせたいと思っているのがわかるから、その期待に応えようとして頑張ろうとします。けれど、好きなことではないから長続きはしない。練習もしないし、上手にもならないし、勝ち負けにもそんなに関心がない。

【洋子】それは、いくつくらいのときですか？

【小夜佳】小学生ですね。お友だちが誘ってくれた野球が樂しそうだと思い、本人から野球チームに入りたいと言ったことがあります。野球は縦社会なのですが、とても強い野球チームでした。ところが本人はそういうことに全然興味が無く、勝ち負けもそんなに興味が無く、ただ友達とボール投げをしていれば良かったのです。私は、自分でやると言ったのにどうして練習しないの？　と思っていましたが、少しして自分には合わないとわかり「やめたい」と言い出しました。でも私は、「せっかく入ったんだから頑張って続けないとだめじゃない」と言いました。

【洋子】小夜佳さんも、昔は祖流の普通のお母さんだったのですね。この本を知らないお母さんたちって、だいたいそうですよね。子どものためと思っているんですけれど、実は自分のためにやらせたい。そのころですか、小夜佳さんが、自分は過干渉になっているかもと思ったのは。学校には行っていたのですか？

【小夜佳】行っていました。長男はいい子なので、私が休むとかサボるとかはダメだと思っているのを察して、それに合わせて行っていたんだと思います。

長男と向き合えたことが本当に良かった

【洋子】 小夜佳さんはまじめで、普通の途をきちんと歩いてほしいと思っていたんでしょう。

【小夜佳】 おっしゃるとおりです。私自身、幼稚園は登園拒否して行かなかったのですが、その分、子どもたちにはちゃんと行ってほしかった。とくに長男にはその思いをぶつけていた。ところが、野球を頑張らせたり、勉強を頑張らせたりするほど、長男が痩せてしまい、アトピーもひどくなりました。いちばんひどくなったのは小学校四年生くらいです。

【洋子】 わ～っ。そこまでいってしまったんですね。限界ですね。

【小夜佳】 急遽、四国の方にあるアトピー専門の病院に入院することになったんです。そのときに、それまでやっていた習い事や通信教育とか学校とか二週間くらい休ませました。アトピーの治療で、高知県の海と山しかないような、のんび

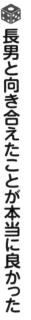

りしたところで過ごしたんです。小さい子だから入院はしないで、近くの民宿に宿泊しながら治療することにしました。六畳一間の和室で、長男と私、そのときまだ小さかった次男。お腹には三人目もいました。

本当に何もないところで、宿題も何もない、自由でボーっとする時間を急に与えられ、それまでなんて忙しく過ごしていたんだろうと思いました。そんなに長男に向き合って過ごすことはなかったんです。「早く！　早く！」とか「もっと、もっと」とかばかり言って、ちゃんと向き合ってきていなかったことにも気付きました。一緒に自然の中で景色を見るなんてこともやっていなかった。次男のほうはいつもチョロチョロしていて本当に自由なのですが、その自由さがまぶしかったんです、私も長男も。そのことが本当によくわかりました。

アトピーは、そうしてゆっくりのんびり治療を続けていると、本当にきれいになりました。そのとき長男と話をして、東京の生活は忙しすぎたと思うけど、どうする？　本当にやりたいことだけ残して、後は全部やめようかと話しました。そうしたら「全部やめる」と言ったんです。私は、学校以外の習い事や通信教育とかを全部やめて、次男のようにのびのび過ごそうと決めたので。のびのびしている人ってイキイキしているんですね。

「これまで、ママもごめんね」と言いました。それまでは、私が何でもコントロールしようとして頑張りすぎていたことで、彼を苦しめていたことに気付き、長男に謝ったんです、「今までやらせすぎちゃったよね」と。すると長男は理由も聞かずに「大丈夫、いいよ」って許してくれて、そのことが大きな転機になったと思います。

【洋子】 お子さんに「ごめんね」と言える小夜佳さん、すごいです！　とても大事なことですね。最初の子というのは、どうしても親がそこに集中するから大変ですよね。その経験があるから、他の兄弟姉妹は楽なんですけど。私は本の中で、「親が、自分が果たせなかった夢を子どもに託していませんか、無理やり押し付けていませんか」と確認していますが、本当にそのとおりだなと思いました。

それと、病気というのは、たとえば「アトピーがあんなにひどくて可哀そうだね」と他人は同情するけれど、そうして病気をすること、あるいは精心的に限界までいってしまうことでいろいろなことを手放すことができ、いろいろな気付きがあるんですよね。

【小夜佳】 そうなんです。

【洋子】 自分で今まで振り返らなかった人生とか子育てとかについて、長男さんと向き合えたことが本当に良かったですね。

【小夜佳】 本当に良かったと思います。

【洋子】 お子さんは、精心的にいっぱい、いっぱいになるといろいろな病気を発症することがあります。そうして肉体でお母さんに訴えているんですね。

【小夜佳】 実際にそうなりました。十年間、期待を込めて彼をコントロールしたり、型にはめたりしていたのは、彼そのものを見るというより、私が自分の理想を見ながら接していたということが多かったのだと思います。そのことに十年目でやっと気付いたので、この先は十年かけて新しく彼を見て付き合っていこうと思ったんです。ツケを払うということではないですが、十年やってしまったから十年かけていい感じに戻していこうと、そのときようやく思いました。

【洋子】何でもそうなんですが元に戻すには二倍かかるんです。十年やったら、倍の二十年かかります。

【小夜佳】そうですか。そう思うと、今アラサーだから、あともう少しですね。確かに二十年かかるという感じです。二十歳になったからといって、すっきりしたというわけではなく、そのころはまだ長男とは辛い関係でしたから、確かに二十年ですね。納得……。

地球上はまだ祖の粗い空気に覆われている

【洋子】だいたい長男とか長女はしっかりしなきゃということがあって、一身に背負うわけです。子どもというのは本当によくわかっているんです。私も小さいころの記憶をたどると、何しろ癇癪《かんしゃく》持ちでギャーギャー泣き通しでした。生まれてからすぐに小児喘息になりました。小笠原さんのところに来ていたクリニックの先生が、夫婦がうまくいっていなかったり家族とうまくいってなかったりすると喘息になると言っていました。

理論的には、この地球上はまだ祖の粗い空気に覆われていて、皇や桔の生まれたての赤ちゃんはこんなはずではなかったと癇癪を起こして訴えるそうです。私などは皇の子で生まれてきているから本当にその環境が合わなかったのでしょう。おそらく生まれたときにすぐわかるんです、ここじゃない、というのが。小笠原さんもすごい癇癪持ちだったようで、いろいろなエピソードを話していました。

皇の時代になると、空気も細かく穏やかになるので赤ちゃんはおとなしくなり、親を困らせることはなくなります。

私の弟が生まれたときは戦争中で母と弟と私の三人で暮らしていましたが、私がずーっとギャーギャー泣き通しですから外に連れて買い物に行けないんです。それで母は私を柱に縛り付けて弟を負ぶって買い物に行ってしまうので、私は一人残されていました。それを今でも覚えています。

それから間もなく、私は母の実家のおばあちゃんのところに預けられたのですが、そこに行ったら、ものすごくおとなしい子になりました。農家で年寄ばかりの家の中は裸電球だけで暗かったけれど、朝早く起きて一人、縁側で朝靄の庭を眺めながら桔梗とか朝顔とかがきれいだなと眺めていました。

そんな、とてもおとなしい子でした。本当におばあちゃんにとっては手のかからない子どもでした。小さかったし、おとなしかったから、ちゃぶ台に乗せられても動かないで寝ていました。そのときは二歳くらいだったと思いますが、子どもはちゃんとわかっているんです、ここはお行儀良くしておかなきゃと。

【小夜佳】 私は癇癪持ちではなかったのですが、喘息はありましたからわかる気がします。そして私も、おばあちゃんとの暮らしのほうが心静かで穏やかに過ごせていたように思います。

【洋子】 一緒ですね。次男さんが生まれたとき、小夜佳さんは何歳だったんですか。

次男は一歳半検診で発達障害の疑いを指摘された

【小夜佳】私が三十歳のときです。次男はお兄ちゃんと六歳半くらい違います。

【洋子】そのときのお産はどうだったんですか。

【小夜佳】その前に一回流産しているんですが、ママ友の間で、二人目を産むお母さんが増えてきていて、そのころの私はまだ頭が硬かったので、ソロソロ二人目を作ろう、一人っ子は可哀想、と思い込んでいました。それで私もと思ったのですが、今度は一向に出来なかったんです。長男はすぐに授かったので、子どもが出来ないことに困惑しました。

夫から、すでに子どもが一人いるわけだから、ウチにもう一人必要だったら来るだろうし、そうじゃなかったら今の三人で暮らせばいいじゃないかと言われて、その言葉が腑に落ちたころ妊娠したんです。

流産する前は、お腹の赤ちゃんや自分の体調を優先するより、ママ友の付き合いとか仕事とか、嫁としてもちょっと無理をしていました。それで疲れても休まないで動き続けているうちに流産してしまって。

すごく健康だったし、長男が順風満帆で生まれたので、自分が流産したということがまず驚きでした。夫が言っていた、家族三人なら三人でいいじゃないかという言葉を思い出して、そういうことなのかなと思って落ち着いたころ、次男が授かって生まれてきてくれました。それで、長男と次男はちょっと齢が離れているんです。

【洋子】 何カ月くらいで流産されたのですか？

【小夜佳】 十六週ころだったので心拍もあって、そのまま出産までいくかなと思ったら流産してしまいました。その後次男が言葉を話せるようになったころ、あれは僕だったと言ったことがあります。生まれる前から子育てが始まっていて、次男はまさに私にとっての子育て応用編ですね。

次男は火が付いたようにずっと泣いている赤ちゃんでした。泣きはじめると抱っこしても反り返るし、ミルクをあげても授乳しても泣き止みません。そうなると何をしてもダメで、夜泣きはするし、機嫌は悪いしで大変でした。長男とは一八〇度違う、手が掛かる赤ちゃんだったんです。私はげっそりしていました。

長男はお利口さんで優しい子で育てやすかったため、とんでもない子が生まれたと思いながらも、二人目だから何とかやるかなと思って頑張っていました。ところが、次男は食べ物アレルギーがあり、母乳をあげると私の食べた物によっては真っ赤になります。それで私自身は食事制限をしていましたが、そのころは、ほぼ育児ノイローゼだったと思います。

長男には「こうでしょう」「ああでしょう」と言えたけれど、生まれたときから規格外の次男には私の理想を押し付けるどころではなく、ただただ毎日が必死でした。優しい長男にはだいぶ助けられました。

【洋子】 次男さんと私は似ていますね。母も耐えられなくて、おばあちゃんに預けたのだと思います。でも長男さんが六歳くらいだと、だいぶ楽だったでしょう。

【小夜佳】 本当に長男には助けてもらいました。

次男が一歳半検診のとき、指差し確認とか「ワンワン」「ママ」などが言えるかどうかチェックすると、一切言いませんでした。さらに、まったく相手と目を合わせませんでした。

保健センターの人から「心理の先生のところに相談に行って」と言われて診ていただいたのですが、表情があまりに乏しくて目が合わないのはお母さんのコミュニケーションが足りないんじゃないかと言われました。それから何回か心理に通って、「お母さん、ミュージカルスターみたいに大きなリアクションで笑顔で、この子に接して」と言われ、何回か通って練習してやってみました。ところがそれでもあまり変わらなかったので、お母さんの対応のせいではなくて、もしかしたら発達に課題があるかもと言われ、地域の発達センターに行くようになりました。

小学校に上がってから変わることもあるため、決定的な診断は未就学時には出ないんです。それでもずっと次男を連れて発達センターの言語の先生のところに通いましたが、途中で何のために来ているのかわからなくなりました。とにかく次男は興味があるもののところにしか行かないし、発達センターに行くことが彼には樂しくないので、連れて行くのも一苦労でした。

【洋子】何歳のときですか。

【小夜佳】二歳から通いはじめて。

【洋子】口はきけたんですか。

【小夜佳】三歳までほぼ喋らなかったと思います。だけど、たとえば自動販売機のボタンを押すことにはまったりすると、発達センターに行く道すがら自動販売機は全部押していかないとダメで、通りの右に行ったり左に行ったりするので危ないんです。エレベーターに乗るとボタンは全部押そうとするため隣の人に怒られる。それに付き合っていると、こちらがくたくたになってしまいます。そういうこともあって、発達センターには行ったり行かなかったりでしたが、未就学の間は何とか通いました。


そのころに発達障害という言葉を初めて聞いたのですが、「なんだそりゃ」という感じでした。それからも言葉はそんなに出ないし、何かにはまるとずっとそればかり。たとえば、納豆が食べたいと思ったら毎日納豆しか食べない。私が長男のときのように、いろいろ栄養を考えて作っても絶対口を開かないんです。

小さいときに食事の偏りがあっても絶対に大丈夫

【洋子】お子さんのアレルギーのほうは、その後どうなったんですか。

【小夜佳】病院に通った時期もありましたが、病院は対処療法しかなくて。

【洋子】離乳食はダメだったんですか。

【小夜佳】母乳の時点で、すでにダメでした。たとえば私が乳製品などアレルギー反応のあるものを食べて授乳すると、次男は真っ赤になってしまいます。嗜好品とかお菓子とかもダメでした。

【洋子】母乳でアレルギーになるなんて、昔は聞かなかった。

【小夜佳】食べたものの成分がみんな出てしまうみたいですね。だから彼が食べられる白米と白魚を食べるようにしていました。

【洋子】ミルクはどうでしたか。

【小夜佳】ミルクはまったく飲まなかったです。ずっと母乳で。

【洋子】アレルギーになりながら?

【小夜佳】そのときはまだアレルギーのことなどわからなくて、ただただ、ひたすら泣いていたので、とにかく落ち着かせようという思いもあって母乳を飲ませていました。発達障害の場合は感覚過敏もあって、哺乳瓶の口のゴムのシリングが嫌だったりします。

食べ物にはできるかぎり気を付けました。今日はご飯と白身魚の煮つけをアレルギー対策用の調味料も使って作り、私が食べてから母乳を飲ませて大丈夫だったら、これは大丈夫だなと、といったふうにしていました。

【洋子】イヤー、それは大変でしたね。話を聞いているだけで疲れてくる感じですもの。そして、無農薬にも気を付けていたのですか。

【小夜佳】長男のときは規則正しい栄養価を考えてバランスよく食べることを意識していました。アレルギーになってから、自然育児とか、農薬とかオーガニックとか、食べ物で体質を変えられるようになる方法などを教えてもらい、マクロビオティックや玄米菜食などひととおり試しました。

【洋子】 無農薬ですか。

【小夜佳】 なるべく農薬を使わないものを選んでいました。

【洋子】 これは当てはまるかどうかわかりませんが、無農薬を摂りだしたらアレルギーの子がいっぱい増えたという論文が発表されました。掲載されたのは確か英国の科学誌『ネイチャー』と記憶しているのですが、小笠原さんも、薬の毒は農薬でしか消せない、農薬の毒は食品添加物でしか消せない、食品添加物の毒は薬でしか消えないと言っていました。

「毒を以て毒を制す」という祖の循環があって消し合うわけです。ですから、無農薬にだけこだわり出したことで、他の食品添加物や薬の毒の消し合いの循環が崩れてしまっていることが湿疹とかアレルギーの子が多くなっている理由だというのがこの理論です。やがて自然は、農薬も食品添加物も薬も必要なくなったとき、すべてを消すことになるので、皇になったらこれらは必要なくなります。

【小夜佳】 年中、毎日それをやっていたわけではありませんが、長男はアトピーだったし、次男も生まれたときからアレルギーだったので、結果的にそちらの方に流れたんです。

オーガニック、無添加、玄米菜食などにこだわって、私も半分ノイローゼだったのですが、これで助かるならと思い集中してやった時期もありました。ところが、今度は私のアレルギーがすごくなってしまい、アナフィラキシーで二回くらい救急車で病院に行ったくらいです。

そのときに気付いたのが、添加物が原因なのかどうかわからないけれども、あまり毒を抜きすぎると却って良くないということでした。ちょっと摂っただけで、過剰に反応しすぎてしまうんです。これでは、本当に生きづらいと思い、それからは真っ赤っかになったり、アトピーがひどく出たりしたときだけ控えるようにしました。

次男が少し大きくなって体力もついてきたとき、牛乳はダメだったのですが、乳製品も少し摂らせたりしていました。ちょっと痒くなるのですが、命までは取られまいと思ってやっていました。

【洋子】入院して、ダメなものをあえて入れて治すということがありますね。

【小夜佳】 あります。どうしたって、日本で生きていくためには、すべて除去することはかえって不自然なことだなと思うようになったんです。
次男が大きくなってきたころ、子どもたちは食べないものは絶対食べないし、小学校の給食もそうです。食べないものは誰が何と言おうが絶対食べないので、本人の食べたい、食べたくないに任せるようにしました。
【洋子】 私の経験ですが、母が臭いの強いセロリをよく買ってきましたが、私はその臭いがまったくダメで食べていなかったんです。ところが、あるとき中華街に行って炒め物のセロリを食べるととっても美味しくて、それから病みつきになってしまったんです。ついこの間も、東京の交流会の親睦会で小夜佳さんとお隣の席になったときですが、豆苗が出たんです。私は今まで豆苗の匂いがダメだったんですけど、食べてみたら病みつきになって、一時は豆苗ばかり食べていました。
【小夜佳】 うちの子を見てるような……。
【洋子】 ですから、そのときはダメでも大人になってくるとちゃんと変わってくるので、無理矢理食べさせる必要はないと思っています。

【小夜佳】 そうだと思います。次男は卵アレルギーだったので三歳くらいまでは、卵は全然食べなかったんです。ところが、少し大きくなってきたころ、お兄ちゃんのために作っていたオムレツを食べたがって、私が目を離したすきに食べたんです。そのときは赤みも出なかったので、本人が食べたがるということは食べられるんじゃないかと思っていたら、やはり大丈夫だったんです。

それから次男は卵にはまって、言葉もそんなに喋れないのに、椅子を持って冷蔵庫を開け、高いところにある卵を取ってお椀で卵を割り、フライパンに火を付けてジャーっと入れ、自分でオムレツを作るようになりました。私のやることをみていたんだと思いますけど、四歳、五歳のときです。それからは毎日卵で、びっくりするくらいでした。

あれほどアレルギーがあったのに、こんなに卵を食べて大丈夫なのかしらと思っていたのですが、ずっと食べ続けるから、そのまま見ていました。すると、ある日ぴたっと食べなくなり、それから次に納豆がはじまったんです。夏になると必ずアイスココアをひたすら飲んでいたこともあります。ずっと〝ばっかり食べ〟が続いたかと思うと、突然ぴたっと止まる。そんなくり返しでした。

私には姉がいるのですが、食品や栄養に詳しい人なんです。その姉から「今の次男には、卵の栄養が脳に良いから、彼はきっとこの栄養が欲しいんだよ」とか「夏の疲労感はココアのポリフェノールで彼は癒しているんだよ」という話を聞いて、教えたわけでもないのに次男は、ちゃんと必要なものを食べているんだなと思いました。

長男には、あんなにうるさく何でも残さないで食べなさいと言って育ててきたけれど、次男はすごく偏食でも、私はあまり言わなくなり、今はこれを欲しているんだなと思って育てるようになりました。

【洋子】 私の交流会に来てくれたお子さんで十五歳の女の子がいました。離乳食のときからアレルギーがすごくて、何回もアナフィラキシーショックで病院に駆け込んだと言います。何をやってもアレルギーが出るし、命の危険もある。最後にかぼちゃだけ大丈夫とわかり、かぼちゃで育ったそうです。

ところが、お会いしたときは十五歳なのに、私より大きくてがっちりしているんです。いつのころからか「私、これ食べてみる」と自分から言い出し、それからは何でも食べられるようになったそうです。

ですから、お子さんが小さいときに食事の偏りがあっても、絶対に大丈夫だから心配しないようにと、私はお母さんたちにお伝えしたいです。

【小夜佳】 本当です。次男は今、うちではいちばん大きいですから、全然大丈夫なんだなと思います。

発達障害は祖の側から見た判断

【洋子】 私は子どものころ、言葉がすごく遅くて、歩くのも遅くて、母がすごく心配したらしいのです。今は平均とか基準とかというものを設けて、それに合わないと障害があるとなりますが、全然大丈夫だと思います。私は今、魂職に就いて必要なことは話せますし、この歳で足も腰も、どこも痛くはないです。パーティーのときには高いヒールの靴でダンスを即興でやらされてもできます。自分が育ってきた過程から見ても、お母さんたちは本当に心配しすぎだと思います。子どもというのは、放っておけば勝手に育つんです。過干渉だと子どもが神経質になります。お母さんがのんびりおおらかにやっていると、そのまま育っていくんです。

【小夜佳】 そう思います。

【洋子】 昔、肝っ玉母さんと言われるような人があっちこっちにいました。子どもを放っておいて、干渉もしない。でも、子どもは母親を尊敬していて安心している。そういうお母さんが今はいなくなりましたね。都会暮らしだと大変で、外出するとなれば人に気を使ったりして大変だと思いますが。

今の世の中は、みんながイライラしていて、昔と比べると、おおらかさがないですね。その分、余計に子育てに神経質になるのでしょうが、もう少しおおらかでいてもいいかなと思います。

【小夜佳】 核家族なので、おばあちゃんみたいに「いいよ、いいよ。大丈夫」と言ってくれる人がいなくて、参考にしようとすると結局、同世代のママ友になるんです。そうなってくると、あっちのお母さんはちゃんとしているよな、という感じになりますし、いろんな情報を見ると、私のときはまだ無かったですが、今だとSNSでキラキラした感じの情報を見て焦ったりして……。

【洋子】 逆におばあちゃんがいると余計なお節介をしてお母さんを悩ませるケースもよく耳にします。昔と今では育て方が違いますので。それと今は情報過多、それで人と比べてしまう。情報を見なければ自分で知恵を出してやるしかないのですが、どうしても、キラキラの方に基準を合わせて自分は劣っているとか思ってしまう。私は最近、障害というのも、今、小夜佳さんがおっしゃったように、好きなことをグーッとやっていくというのが魂職につながっていくんじゃないかなと思っているんです。

いつも思っていることですが、お医者さんもまだ祖の人だから、見立てが規格外だとみんな障害者に入れるんです。私の場合は祖の常識とか知識とかまったくなくて聞かれてもわかりません。けれど、この理論について話すことは魂職なので生き生きしているのに、全然違うところに置かれたら一言も喋らないし、そもそも興味のないところに行かないんです。

【小夜佳】それは次男を見ていても感じるところがあります。確かに知的な面は引っかかる範囲なので、間違いなく医療の世界では自閉症スペクトラム症になります。

ファーストフード店やファミレスなどに連れて行くと、みんなザワザワしているので、それに感化されて落ち着きなくウロウロしてしまいます。だから、次男を連れて外に食べに行くのは無理だなと思ったことがありました。

あるとき、ゆったりしたスローな雰囲気の、静かなオーガニックカフェで、暴れるのを覚悟して次男を連れて行ったことがあったんです。私が疲れ果てていたこともあったし、お友達と何か飲みたいなというのもあって。ところが、次男は暴れるどころか、そこでスヤスヤと寝てしまったんです。こんなに人は変わるんだと思って衝撃を受けました。どこにいるか、誰とどんなふうでいるかということで彼は変わるんだなと思いました。

高知県の民宿に行ったときも、土地の広いところで見失ったら探せないと不安だったのですが、次男は穏やかに暮らしていました。祖の雰囲気が満載なところとかガチャガチャしているところにいると、彼の本来のリズムが狂う感じがします。

【洋子】 今日私が感じたことがあります。この対談に来るときのことですが、駅で電車を降りました。そしたら、騒音がやりきれないという感じなんです。私も敏感なので。

【小夜佳】 繊細さんですか。

【洋子】 私はとくに音に敏感というのがありまして、どうしようもないんです。お子さんの〝ギャーッ〟というのもダメなんです。電車とかホームにいると、いろいろなところからいろいろな音が聞こえてきて、「私、もう無理」と思ってしまいます。大人でも大変なので、お子さんはもっと大変だろうなと思います。

【小夜佳】 うちの次男も耳が良くて、五歳くらいのときに「ママ、車が来るからどけて」と言うんですが、何も来てないんです。「どこの車?」と言ったら、少し間を置いてからブーッと来て、エンジン音が聞こえていたんだと気付きました。それぐらい感覚がすごくて敏感なんです。

自転車に乗せて一緒に走っているとき、ずっとケタケタ笑っているから「どうしたの」と聞いたら、「ほっぺに風が当たってくすぐったい」と言うこともありました。五感がすごく繊細なんです。今は電車で通勤していますが、好きな電車の音は平気だけど、嫌な音は絶対に嫌で、イヤフォンをしてコントロールしているみたいです。

【洋子】音を聞くたびにピクッピクッとするんです。私は小笠原さんのところに十六年いて、それから今は三十年経ちますけど、いまだに家のこたつに入ってゴロゴロしながら資料を作ったりしていて、外にはあまり出ません。

それと、最近、交流会に四歳の男子や、八歳のフリースクールに行っている男子、障害者のある子などもお母さんと一緒に来てくれます。今は街中でギャーギャー泣いている子たちもいますが、交流会に来てくれる子って、言葉を発しない。おとなしく話を聞いているか遊んでいるかです。一緒にいても全然違和感がないんです。親睦会までいてくれます。

交流会は三時間、大人の話が続くのですが、そのお子さんたちはその場の雰囲気に安心できて樂しさを感じているんだなと思います。

次男は自分のペースが邪魔されない場所を自ら選んだ

【小夜佳】心地のいいところは、おとなしく一緒にいるし、嫌なところは、本当にあっという間にいなくなってしまう。体が硬くなったりすることもあります。次男は、保育園は普通の園に行っていました。障害者のクラスがある保育園ではなく、障害があっても受け入れるというところだったんです。そこは、みんなで鼓笛隊やリトミックなど、しっかりとしたカリキュラムがある保育園でした。

次男は興味がないことはしないので、みんなと同じことはせず、一人廊下でフラフラとしていたりするんです。先生が毎日「今日あったこと」をノートに書いてくださるのですが、「今日も次男君はみんなと一緒の教室にいられませんでした」、「今日も一人だけ廊下にいました」、「一人で本を読んでいました」、「今日もみんなと一緒に何々ができませんでした」という内容ばかりで、だんだん引け目を感じるようになっていきました。

私自身辛かったですし仕事もしていたので、「園に行きたくない」というのに無理やり手を引っ張って行っていたのです。次男は卒園式も出たくなさそうでしたが、私は卒園式くらいはと思い、連れて行きました。ところが、園長先生が証書をくださるときになっても前に出たがりません。とうとう抱っこして私が一緒に前に出て彼の手を取って「一緒にもらおう」と言ったら、断固拒否で私の手をガブリとかじったんです。結局、卒園証書をもらわなかったんです。

そのとき、「あ、嫌なんだ、こんなにも嫌なんだ」と思いました。私としてははめて卒園証書くらいはもらってもいいんじゃないか、卒園式くらいはみんなと同じでもいいんじゃないかと思ったんです。でも、こんなに抵抗するということは、本当に嫌なんだなと私も納得せざるを得ませんでした。

良いものは良いけど、嫌なものは嫌、絶対拒否なんです。本当にはっきりしているので、小学校は彼に選んでもらおうと思いました。当時同じ発達センターに通っていた五、六人のグループは同じように発達障害と思われるお子さんたちでした。うちの子以外は全員が、まずは普通のクラスに行くというのが目標でした。お母さんたちは、学校がＯＫなら、まずは普通のクラスへ通わせるという選択をしていました。

でもうちだけ、最初から支援級にしたんです。通えそうな学校を三つくらい見学に行きました。一つ目の学校は、支援級はないけれど、校長先生がとても温かい方で、次男をおんぶして学校を全部案内してくれて、「学校全体で彼を受け入れますよ。まずは普通級から頑張ってみませんか」と私を励ましてくださいました。一度支援級に入ってしまうと、普通級に戻ってくるのが難しいから、まずはここで頑張りませんか、みんなで迎え入れますよ、と言ってくださるんです。私は普通が良い選択という気持ちがまだ残っていたので、なんと素晴らしいことを言ってくださるんだろうと思いました。最初から普通に行けるんだったら、それもいいかもしれないと思ったのです。

ところが、次男はずっと首をうなだれていたんです。次に支援級のある小学校へ行ってみました。普通校舎とは違う棟の校舎の隅っこに教室がありました。すごく静かで他の普通級の子たちとあまり関わりがなく、生徒に対して先生の人数も多くて、ほぼ個別対応なんです。そこに通うお子さんたちは障害の種類、特性がまったく違っているためです。

私は、確かに個別対応だけれど、ここに来るともう普通級には来られないんだなと思いましたが、次男は黙って見ていました。

最後に、夫と私の二人で、普通級からどうぞと言ってくださっている一校目の学校と、支援級のある静かな二校目の学校を見に行きました。そのとき夫は「大人の話は聞かなくていいから」と言って、ただそれぞれの校舎を見たり、校舎の裏側を見たりしたんです。そして、「今の次男には静かな学校が良い気がする。小学校の最初のステップで頑張らせるのではなくて、最初は安心してゆっくり過ごせるところにいて、もしその後で勉強などで頑張りたいのではあれば頑張ればいいんじゃないか」と私に言ったんです。私は正直「エーッ」と思いました。そこで最後に、次男に決めてもらおうと思って「どっちの学校が好き?」と聞いたら、彼も静かな支援級の方がいいと言ったんです。

私だけ祖流の普通に憧れて学校を選ぼうとした感じになりましたが、結局、支援級になりました。彼のペースが邪魔されない、もちろん教科書はあるけれどほぼ使わない、学年は関係なくのんびり過ごす、そんな感じでした。障害の重いとか軽いとか関係なく、本当にあったかく子どもたちと過ごせたので、支援級を選んで良かったなと今は思っています。

子どもの邪魔をしなくて良かった

【洋子】 今のお話を伺っていて、「普通って何?」と私は思ってしまいます。これからは「普通って恥ずかしい」となる時代なんです。今障害があると言われている子は、実は個性豊かで、自分をちゃんと持っていて、そこから自分の思ったとおりの人生を歩んでいて、ある意味で精心的に自立をしている子であると私は思っています。みんなと一緒にできる子、普通と言われる子というのは、裏返せば、個性があまりない子とも言えるでしょ。これからは、本当に逆になっていくと思います。

【小夜佳】 私も、本当にそのことを教えてもらいました。次男はとても愛される人だし、洋子さんは好きなことをやっていることが魂職になるとおっしゃいますが、まさにそれを体現していると思います。

次男は体の感覚がいいんです。とくに手の感覚がすごく良くて、葉っぱの観察とかをやると一般的には観て絵を描くと思いますが、次男の場合は「観て、表と裏に触って、視覚だけでなく手の感覚を使って丁寧に観察しています」と先生が日誌に書いてくれるので、面白いなと思いました。

とにかく手の感覚がいいみたいです。ハサミを使えるようになると、毎日三六五日、何年間も毎日工作をしていたんです。紙を切って箱を作って、それが電車になっていって、バスになっていって、今は牛乳パックの周りに紙を貼り、車輪を付けて、ドアも普通のバスのように開閉ができる。明かりがつくとか、中の運転手席も作ってあって、どんどん細かいところまで上手に作れるようになっていきました。

今はお仕事をしているのですが、お仕事を選ぶときも、手先の器用さが買われているみたいです。それで今のお仕事も選ぶことができたと思います。

【洋子】どういうお仕事ですか？

【小夜佳】物流の会社にお勤めしています。梱包もするのですが、箱を扱うことも上手だし、商品を大切に丁寧に扱うことができるし、上手にしまえる。

先に電車が好きだというお話をしましたが、小学校高学年くらいになったら、一人でお金を持って電車に乗って出かけるようになりました。

自動販売機も好きだし、トイレも好きでトイレの流れていく様子とかに関心があります。初めて降りた駅でも、どこに自動販売機があって、どこにエレベーターがあって、どこにトイレがあるか全部わかってしまうんです。

駅での乗り換えのことも全部わかるようです。なるべく彼の「好き」「やりたい」を尊重するようにしていって、好きなようにさせていました。毎日、工作をしたり、電車でいろいろなところに行ったりと、好きなようにさせていたら、今の物流という仕事に就きました。

手先の器用さを活かして梱包を正確に持ってくる、商品を大切に扱うといったこともできます。物流倉庫というのはとても広いですし、どこに何があるかも変わるのですが、即座にわかってしまうんです。ですから、次男にはとても向いているんです。

【洋子】それは天才ですね。

【小夜佳】「やりたい、これ！」と思ったことを伸ばしたわけではないんですけれど、邪魔しなくて良かったと思っています。

どう生きるかはその子が背負って生まれてきている

【洋子】私がすごく感心したのは、小夜佳さんのことなんです。たとえば次男さんがお金を持って出て行ってしまってなかなか帰ってこないとき、どうしていたのか、お話を聞かせてください。

【小夜佳】はい。電車もだんだん遠くまで行くようになるし、あまり人混みが好きではないので無人駅とかに行きたがるんです。まだスマホを持っていないのに、拘りのある古い電車に乗ったり、遠方の無人駅などに行きたがったりして……。

【洋子】いくつくらいですか。

【小夜佳】中学校一年とか二年とかだったと思います。最初は私も付いて行ったのですが、彼の足が速くなり付いて行けなくなって、「じゃ、行っといで」と行かせていました。すると、だんだん遠くに行くようになり、どこに行ったかもわからないし、帰ってくるかもわからない。人とのコミュニケーションが苦手で喋れない。


でも、彼のやりたい、行きたいを止めることはできないことはわかったので、これで今生会えなくてもしかたない、これが最後になってもしょうがないという気持ちになって毎回送り出していました。これが最後の別れ、みたいな気持ちで。でも、いつもちゃんと帰ってきていたのですが。

【洋子】私は、その話を聞いたときに思い出していました。『自立共育』の本にそのことが書いてあるんですが、たとえば、子どもが黙ってどこかに行っても、小夜佳さんがおっしゃったように今生の別れで亡くなるのなら亡くなる運命だし、どんなことをしても生きる子は生きられる。どう生きるかは、その子が背負って生まれてきているからどっちでもいいと。人生も同じ。

普通の親から見たら、とんでもない所へ「これから行きます」と子どもが言ったとき、「ダメダメ」とお節介で妨害してしまう。そんなことは危険だと行かせない。そのとき、黙って「どこへでも行っておいで」と言えたら最高なんです。もっと言えば、「ママ、〇〇へ行っていい?」と聞かれたら、そのママは異常だと。何も言わずに行ってしまうのが正常なんです。だから、小夜佳さんの話を聞いたとき、最高の共育をしているんだなと思いました。

【小夜佳】彼の「食べたい」「行きたい」「やりたい」は小さいときから止められなかったし、それができたときは本当にイキイキしていたんです。逆に長男は、ギユッと縛ってコントロールし、心配しながら育てた。それでも長男は優しいから受け容れてくれていたけれども、とても苦しそうだった。

アトピーで入院したとき、最初の晩に検査のためたくさんの注射を打たなくてはいけなかったのですが、そのときはおとなしかった長男がすごく暴れて、「なんで俺ばかりこんな目に合うんだ」と泣いて叫んだのです。こんな長男を見たことがないと思うくらいでした。

抑圧して育てるということは、こんなに長男の中に秘めているエネルギーを抑えてしまっているんだなと思いました。次男のように長男の中にも「絶対これ」ということがあったはずなのに、それを出せていなかった。一方、次男はもしかしたら危険と隣り合わせかもしれないけれども、納得いくまでキラキラした姿で日々過ごしていた。そのほうが生きている感じがするんです。それが息子たち二人から教えてもらったことです。

二人とも大きくなったので、朝起きたらもういない日も増えました。先日次男は、北陸新幹線が出来ると、金沢を走るサンダーバードという電車が走らなくなってしまうからと、乗りに行っていたみたいです。日帰りで東京から大阪経由で行ったのですが、途中車両の近くで火災があって電車が五、六時間止まってしまったとのこと。夕方ごろ、今夜は帰れないかもしれないというラインがきて、「ところで、今どこにいるの」と聞いたら、「滋賀県」と。結局、最終の新幹線で帰ってきたのですが、とにかく好きなようにやっています。

次男の説明です。「北陸新幹線の延伸開業により、サンダーバードが敦賀と金沢間でもう走らなくなるから乗った。サンダーバード自体は大阪と敦賀間では残る」「北鯖江駅の近くで火災が発生し、変電所が故障したため３４０分(5時間40分)遅れて金沢に着いた」

喋らなくても波動が合えば通じてしまう

【洋子】コミュニケーションは、家族とはできるんですか。

【小夜佳】家族はなんとなくわかってしまうので、きちんと言語で話さなくても雰囲気でなんとなく理解できてしまっています。でも外に行くと喋るのが苦手なので喋りたくないようです。たとえば駅構内でSUICAを落としてしまったことがあって、そのときは駅員さんに「落としちゃったけど、どうしたらいいですか」と聞くことができなくて二時間くらいずっと構内にいたことがありました。

あまり帰ってこないので、どうしたのかなと思ってラインで連絡したんです。そうしたら、「今どこどこの駅構内にいます」と連絡があり、「どうして」と聞いたら「SUICAを落として改札から出られない」と言うんです。「じゃ、駅員さんに私が話すから」と言っても、「すみません。ちょっとうちの母親と話してください」と言うことができない。そのときは、たまたま我が家から近かったので、私が迎えに行って対応することになりました。喋らないときは本当に喋らないんです。

学校行事なども好きじゃないんです。たくさんの人が、たくさんカメラを持っているとか、やりたくないことをやらないといけないとか、音がすごくて嫌だとか……。

【洋子】それは、私もすごくよくわかります。私も成人式に出なかったんです。みんなと同じことをするのが嫌だったからです。

小笠原さんが、これからはあまり喋るなと言うんです。本来、喋らなくていいんです。ですから、今の若い子はだんだん喋らなくなっているんですよね。団体になると老若男女、皆、お喋りになりうるさい。私はあの大声がとても苦手なんです。

男性の脳と女性の脳は違っていて、女性はお喋りによってストレスを発散するんですが、男の人は大人になっても、そんなに喋りませんね。私の身内に弟がいるのですが、一年に一回実家に贈り物をすると、「着いたよ」と一言連絡が来て終わり。本当にそんな感じです。会話が無いんです。

【小夜佳】そうなんです。息子たち二人は、ご飯を食べていても喋りません。娘と私は喋るのですが、娘がいなかったらシーンとしています。誰も喋らない。

【洋子】小笠原さんがこれからは喋らなくなると言っていたんですが、今は、祖の人、秸の人、皇の人と三種類いるから、喋らないとダメなんです。挨拶しないと、「あいつはなんだ」とか言われる。だから挨拶しなければならないのですが、若い子というのは、先ほどおっしゃったように電話も苦手になっている。これからは、桔の子だったら桔の子と波動が合うから、喋らなくても考えていることがピッピッと伝わるんです。

【小夜佳】子どもたちはとくにそうですね。今は、私はあえて喋らせようとは思っていないですけど、少し前の私は、何とか食卓の会話をはずませてコミュニケーションしたいと思っていたんですが、今は誰も喋らないまま食べています。孤食です。

【洋子】それは素晴らしいです。「孤食」と書くと何か孤独と通じるところから、私はあえて本に「個食」と書きましたが、ちょっと考えればわかることで、みんなリズムが違うし、食べたいものも違う。それを、みんな一緒に食べる、同じ時間に食べることで家族の絆を強めましょうと。それで家族の絆が結ばれて仲良くしなきゃと思い込んで、縛られている。でもバラバラでいいんですよ。

自分のリズムでいるのがいちばん

【小夜佳】 一応みんな一緒に住んでいるけれど、バラバラですね。子どもたちがまだ小さくて、まだ自分で調理できなかったときは、長男が好きなもの、次男が好きなもの、娘が生まれてからは娘が好きなものがみんな違っていましたし、食べられるもの、食べられないものも違っていたんです。

私がせっかく工夫して出しても絶対食べないこともあり、それぞれが食べたそうなものを考えて作っていました。そのときはいつも「うちはファミレスみたいだな」と思っていました。みんな食べているものが違うから。

大きくなると、私のほうが面倒くさくなってきたので、私が食べたいものを作るようになったんです。足りなくて自分でもっと食べたいときは、それぞれが自分で作ったり買ってきたりするようにしています。ご飯を食べる時間も、「ご飯できたよ」と言うんですけれど、食べはじめるのはみんなバラバラ。

【洋子】お母さんたちが大変なときは、自分の食べたいものだけを作って自分だけサッサと済ませたら、子どもたちは自分のものは自分で作るようになるんですね。それが一番いいなと私は思っているんです。

【小夜佳】そうですね。長男が作ってくれるときもあるのですが、そのときは長男が好きなものを作って、嫌な人は自分でまた買ってくる。今年からはじめたのですが、週に一回、私が食事にまったく関わらない日を決めて、子どもたちは自分で作る。そういうフリーデイは、みんな好きなものを自分で買ってきたりしています。お菓子で済ませても、もう何も言わないことにしています。

【洋子】そうです、そうです。私もこういう仕事をしていると、皆さん「洋子さんはすべて皇流の生き方をしている」と思っているんです。肉を食べないとか、きちんとした生活をしていると思っているんです。でも、たとえば私が地方に呼ばれて「美味しいステーキのお店があるんだけど」と言われて、「ステーキ大好き」と言って食べる。「洋子さんがこうしているのをインスタにアップすると、皆さん安心するからこの場面を撮りましょう」と言われるんです。

私の話を聞きに来てくれる人はビーガンだったりするので、食のこだわりがあるんです。「ゆくゆくは、お肉は無くなって代わりに植物性のお肉のようなものになっていきますよ」と言うと、お肉はダメ、何々はダメというふうに自分で自分を縛るんです。なので、食の話の動画でいつも「拘らずに食べてください、それが美味しかったらどうぞ」と言っています。

あるとき道を歩いていたらチーズ味のスナックが目に入ってきて、「これを食べたい」と思って袋入りのものを買ってきて、夕食前だったんですけれど、我慢できなくて一袋開けました。そうしたら夕食を食べられなくて。

私は一人で住んでいるからこれでいいんですけれど、家族がいて「あなた、何やってるの」と怒られたら、すごく嫌だなと思いますね。私は母親になっていないから、いつも感じることって子どもの立場なんです。なんだかんだ言われたら家出するだろうなと……（笑）。毎日そんな食生活をしていたら異常ですが、一回くらいなら満足できて私は幸せな気分なので、それでいいじゃないですかと。

【小夜佳】あんなに栄養バランスに拘って育てたはずの長男が、いちばんひどいです。夕飯はなんとなくみんなで同じような物を食べるから何となくいいかなという感じですけれど、リズムが違うときは一週間ポテトチップスで終わりというようなことも。子どもたちのなかでは、いちばんジャンクを食べています。

小さいときからコントロールせずに育った次男は、自分で買ってきても何となくバランスが良いんです。本人は、食べたいから食べているだけという感じで栄養のことは考えていないと思うんですけれど、体が欲しているものを食べていてバランスが取れている感じです。

将来のためと今を我慢しているのは本当につまらないこと

【洋子】 私もそうです。小笠原さんも、やはりバランスが大切だと言いました。そもそも毎日同じ物を食べるのが異常なんだそうです。そんな小笠原さんも、朝食に毎日自分で焼き立てのパンを買いに行っていたんです。なんだ同じパンを食べているんじゃないかと私は思っていました。

私は、九州で長崎ちゃんぽんを食べたらすごく美味しくて、帰ってきてから一カ月、ちゃんぽんばかり食べたんです。あるときは、パリに行って朝食でデニッシュを食べたらあまりにも美味しくて、帰って来てからデニッシュにはまり、やはり一カ月食べ続けていました。でも、不思議と一カ月でピタッと止まるんです。小笠原さんに「毎日同じものを食べるな」と言われましたが、朝食などは起きてからのルーティンがあるので、毎日違うものというのは考えにくくて同じ物を食べるわけです。この理論からは、残りものは食べたらダメということになるんですが、さすがに私は、それはできない。一人暮らしで一回作ると二、三日は食べます。小笠原さんが毎朝、同じパンを食べていたので、やはりそれでいいのだと。ですから、できることからやればいいと思っています。

小笠原さんがおっしゃっていたのは、「僕もこの理論は理論、僕は僕」だと。そのころは三十年前で祖の真っただ中でしたから、皇の生き方をしなさいと言われても、まだ無理なときでした。でも、小笠原さんだからこのルールどおりにやっているんじゃないかと勝手に思っていたのに、小笠原さんもやっていないと聞いたときは嬉しくなったんです。小笠原さんもそうならと……。

今は、皆さんが私の失敗談で安心するらしいので、何か失敗があると、すぐ動画で言うんです。ぎちぎちとこうあらねばならないというのではなくて、自分のできることからやってくださいと。とくに食に関しては。

それでも私は皆さんとちょっと違っていて、すっ飛んでいますから、だいたいが皇流の生き方なんです。なので「これから先の皇の時代にはこうなりますよ」と言えるわけです。

ですので、私のことは参考にならないかもしれないのですが、私は今、祖のものにはほとんど興味がありません。だから、街中をウロウロすることもしないし、本当に興味がないので、家でゴロゴロしています。それでも毎日がすごく楽しいです。一人でいても喜びがこみあげてくる。そうなっているので、私の目から見ると皆さん、考えてもしょうがない、自分に関係ないことを本当に心配するんですね。世の中どうなっちゃうんだろうとか、年金がどうなるだろうとか、日本が崩壊するかもしれないとか、陰謀論とか。とくに今は、皆さん、すごくお金のことを心配をするんです。

【小夜佳】お金に関して言いますと、一回お金のことを心配すると、どんどん無くなっていくという法則に気が付いたんです。そうしたら洋子さんから「家計簿付けると貧乏になる」と言われて、ぱたりとやめました。お母さんたちは、お子さんの学費のこととか、塾代のことが気になるとは思うのですが。

【洋子】気にしなくていいんじゃない？

【小夜佳】私は、必要な勉強だったら塾代も浮くんじゃないかなとか、必要な学校だったら学費も浮くんじゃないかな、くらいに思っています。シングルマザーなのに能天気だねと心配されるのですが、本当に学費はいつも何とかなるので。

【洋子】何とかなりますよ。子どものために学費を貯金して、今がいっぱい、いっぱいで何も樂しめていないというのは、これくらい愚策なことはないと思うんです。だって、お子さんが大学に行くかどうかさえわからないし、誰もがいつまで生きているかどうかだって、本当はわからないんです。

我が家のことをちょっとお話しします。両親が私と弟の学費のためにと貧しいながらコツコツと貯めてくれていたらしいのです。そのとき我が家に出入りしていた個人商店の呉服屋さんに利息をつけるからと持ちかけられ、母が学費を増やそうと貸したところ、呉服屋さんは倒産して財産を失い、貸したお金は戻ってきませんでした。さらに今度は父が退職金を騙し盗られて私も弟も大学に行けなくなったんです。

ですから、将来の保険だからと貯金して今を我慢しているというのは、本当につまらないことだなと。

今をできる限り樂しんだほうがいいし、「今が樂しい」「今が樂しい」「今が樂しい」とやっていくと、その積み重ねが樂しい将来になっていく。それがこの理論です。

【小夜佳】 本当にそうだなと思います。私もじわじわと、そのことに気付いてきました。次男の高校進学のときも、小学校のときと一緒で、彼が見ている景色を後ろから見ながら何となく雰囲気だけ一緒に味わって、「どうする？　どこの学校にする？」みたいな感じでした。最初は高校も行かないと言うので「ほんとに？」

と聞いてだけいたのですが、最後に本人が受験して入る特別支援学校を選びました。

そうしたら、そこは先生たちが子どもたちの個を非常に大切にしてくれる学校だったので、すごくありがたい環境でした。自分で選んでいるところなので本人は納得している感があるし、途中にコロナもあって、のんびりもできました。先生方も全員、個をしっかり見ながら指導をしてくれました。お蔭様で社会に出ていくこともできました。

結局、子どもはちゃんと自分で選ぶんだと思えたし、親が将来を心配して学校を選ぶ必要もないんだと思いました。

【洋子】受験で希望校がいくつかあって、第一志望ではなく第三志望に受かったとしたら、そこが自分の行き場所ですよと自然が教えてくれているんです。第一志望、第二志望というのは自分の慾から選ぼうとしていたけれど、自然はこちらですよと教えてくれているんです。

だから第三志望でも合格したところが、その子の居場所なんです。それなのに、浪人するのは本当につまらないというか無駄だなと思います。ぜひ親御さんにはそういうことをわかっていてほしいです。就職も同じです。

今は私の想像を超えた世界なんだ！

【小夜佳】次男の就職のときも、本人に任せていたんです。最終的に通うのは本人だし、働くのも本人だから。特別支援学校では、いろいろな企業でたくさん実習させてくれました。そうしてお見合いみたいにうまくマッチングできたところに行くんです。次男も、何回も実習をして、結局、彼がいちばん足が向くところに行きました。周りの大人たちがそれを邪魔しないようにサポートして、最終的に本人がここで働くと決めたんです。

今もそこで毎日働いています。私から見ても、彼にすごく合っているだろうなと思えるところに入れたので、ギャーギャー親の意向を言わなくて良かったなと思っています。

次男は発達障害というわかりやすい特性があって生まれてきたお蔭で、周りがずっと彼を抑圧しない、コントロールしない環境にいることができたので、彼の良さがそのまま活かされてきたのだと思います。

お勤めをしてお給料をもらっていますが、時短で六時間くらい仕事をしています。慣れたらフルタイムにできると言われたのに、絶対にフルタイムにしないと本人は言っています。「フルタイムにするとお給料をもっとたくさんもらえるんだよ」と周りは言うのですが、「自分は今もらっているお給料の中でどう楽しむかを考えるのが好きだし、時間をなくすほうが嫌だ」と言っています。頑なに時短のままでやっていて、彼のメンタルクリニックの主治医の先生も、「次男君は新しい働き方だね、それでいい、それでいい」と言ってくれています。

長男のほうは最初、絵を描きたいというので美術系の専門学校に行こうとしていました。その後、もっと勉強したいと欲が出て美大の説明会に行ったら、先生方の説明がかっこよくて、親子で憧れてしまったんです。それで、ちょっと背伸びして美大を目指すことにして、けっこう過酷な受験生活を一年間過ごしました。

高校が終わってから夜遅くまで美大の予備校で勉強をするんですが、ずっと頑張っていました。

ところが、予備校の先生の強い激励みたいな言葉で気持ちがポキンと折れてしまったんです。それでも予備校に通う生活は続けていました。だんだん顔がやつれてきていることはわかっていたのですが、受験生だからだと思い黙って見ていました。そして受験の何日か前になって、「俺、受験やめてもいいかな」と言ってきたんです。

私は「ここまで一年頑張ってきたのだから、受験したほうがいいんじゃない？」と言ってしまいました。結局、受験はしたけれど希望していた大学は落ちてしまい、滑り止めの大学に合格しました。本当は絵が描ければ良かったので専門学校でも良かったのかもしれませんが、せっかく受かったんだからとその大学に入学しました。

ところが入学後、体も心もついていけなくなり、だんだん起き上がれなくなったんです。そのうち全然起きてもこられなくなりました。私は、寝られるだけ寝て飽きたら起きてくるかなと思って、ずっと寝かせておいたのですが、いつまでも起きてこないし、ご飯も食べられなくなりました。

私は、おかしいなと思いながらも、本人は大学に行っていると言うので、そのまま一年くらい様子を見ていました。でも、本当は大学には行っていなかったので、結局退学しました。

同時にアトピーもひどくなってきたので、初めてメンタルクリニックを受診すると、「うつだね」と言われたのが十九歳から二十歳くらいのころです。弟妹や私と話すことはできていたし、みんなで夕飯も食べていたので、放っておけばそのうち元気になるかなと思っていました。

ところが、ますます家でうつうつとした時間を過ごすことが多くなり、病院は自分には合わないと言って行かなくなり、ずっと布団の中にいるようになったんです。二十歳代前後のいちばん樂しいはずの時期に、ずっと布団の中にいていいのかなと思ったのですが、そのときは見守りに徹することしかできませんでした。

そんな状態でもスマホだけは布団の中でずっと見ていて、オンラインゲームで友達とつながることは三六五日ずっとやっているようでした。私たち家族とはあまり喋らなくなり、オンライン上の人たちとだけやり取りをしていて、将来どうなってしまうのか心配でした。

でも、布団の中にいても友達とつながっているのなら、それを切ってはいけないなと思って、そのまま見ていました。五、六年くらい布団の中の生活が多かったと思うのですが、そういう友達とは入れ替わりはあってもずっとやり取りを続けているようでした。長男がゲームの設定をして、みんなが参加することもあり、顔も知らない友達と遊んでいるんです。そのときだけは、すごく潑剌とした表情になります。

ある年の彼の誕生日の月には、オンラインで遊んでいた全国の仲間からプレゼントが届きました。アマゾン経由でお菓子やお酒、ゲームなどたくさん届きました。アルバイトもできていなかったし、社会生活もできていなかったけれど、そのときは、これもすごい経済活動だなと思いました。

【洋子】 私も、今でも同じような生活です。皇の時代の交流会とか動画の撮影のときは、始まるときりっとするんです。けれど、一人でゴロゴロしているときは具合が悪くて、すごい大変なんです。もう、あの世に逝ったほうが楽だなって毎日思っているぐらい体調が悪いんです。交流会で人に会ってその話をすると、「えっ、ほんとに」と言われるぐらいギャップがすごいんです。

私は小笠原さんの研究費として自分の全財産を出してしまったのですが、当時、全国からお米が切れずに送ってもらえるし、美味しい物が届くんです。私は小さいときから不思議と働かなくても食べられるようになっているんです。お勤めしていた時期もありますが、虚弱体質でしたから、一時は入退院をくり返したり、家で寝たきりになったりしたこともあります。畳の上にお布団を敷いて寝ていたんですが、ある日、気付いてお布団をはがしたら畳が腐ってボロボロになっていたこともあります。それくらい大変な時期があったんですけど、食べることには困らないんです。働かなくても食べられると本当に自然を信じたら食べられるようになっているというのが、この理論なんです。

【小夜佳】 自分が楽しいと思うことを提供していると、誰かが必要なものを持ってきてくれる。あなたはそういう人なのかもねと長男と話したことがあります。本人はすごく納得していました。そういえば、パパみたいなサラリーマンになるなんて、小さいころから一回も言ったことがありません。

雲みたいになりたいなとか、洗濯物みたいにヒラヒラしていたいなとかずっと言っていたのですが、叶っているかもしれませんね。コロナが明けたときに、ネットの友達が全国から来てくれて、直接お話をすることができました。今も毎日やりとりするくらいです。

今は、私の想像を超えた世界なんだなと腑に落ちています。私の昭和の考え方だと理解できないような生活をしていて、いわゆるニートでしたが、家ではよく喋るようになったし、ご飯も食べられて明るいニートだなと思っていました。

心身が辛そうにしているときでも、家にはいても、いないものと思うようにしました。いると思うと気になっちゃって、余計なことを言ってしまうんです。「せっかく自分でこうしようと思っているときに、あなたが余計な一言を言うから、やる気がマイナスになる。兄弟の中でいちばん長い付き合いなんだから、もういい加減わかってくれないか」と言われ、はっとして余計なことを言わないようにするために思いついた方法です。

三年ほど前のお正月に「今年はどう生きるの？」と長男に聞いたら、「今年は二〇％で生きる」と言ったんです。こんなに若いのに二〇％で生きるってどういうことと思いましたが、余計なことは言わず、家には完全にいないと思って暮らすことにしたんです。そうしていたら、あるとき、アルバイトを見つけてきて、自分のペースで働くようになりました。

子どもは素晴らしいセンサーで生きている

【洋子】 いやーっ！　長男さん最高です。感動してしまいました。なぜ、こうして小夜佳さんのお話を聞きたいと思ったかといいますと、『自立共育』にも書いてあるので読んでいただきたいんですけど、この移行期を過ごすには、ニートとかプータローとして生きるのがいちばんいいんですね。宇宙的にいちばん進可するのは、自然の今が動いていて、その今にいるにはニートとプータローで何もしないでゴロゴロ、のんびり、ゆっくりしてボーっとしているのがいちばんいいんです。

子どもは素晴らしいセンサーで生きているので、皇になっている自然は子どもの味方なんです。ですから、本当は、親も口出ししないほうがいいんですよね。自然のエネルギーのほうが高いので、子どもを妨害している親は自然から消されるようになります。

【小夜佳】 今は、親の口出しは本当に要らないと思っています。長男は長い時間をかけてそのことを教えてくれたんだなと思うし、『自立共育』の本を読んだら、そのことが腑に落ちて、実は長男は最先端なのかなと思えるようになりました。

長男を見ていると、私はつい「もっと早く、早く」と思ってしまうところがあるけれども、長男の「考えるよ、自分でやるよ」は私の百倍くらいゆっくりなんです。お公家様みたいに、まったり、ゆっくりしたリズムで生きていて、昭和の私とは違うリズムだから合わないんです。長男だけでなく、うちの子どもたちはみんなゆっくりなんですが。

【洋子】理論的に言うと、ブレーキしかないからアクセルを踏めないんです。ですから、本当に邪魔をしないでほしい。親活ってご存じですか。子どもが就職しても、親に反対されたので辞めますという若者が多くなっているそうです。たとえば大きな会社は親が安心するけれど、ベンチャー企業に合格しても親が心配で辞めさせることがよくあるそうです。ですから、親同伴で会社に来て様子を見てもらい安心してもらう。そういうことが流行っているといいます。そのように、世の中にはまだ親の意思で子どもの生き方を塞いでしまうことがよくあります。

【小夜佳】私も、次男を育てていなければ、そうなっていたかもしれないですね。次男はいつも自由でイキイキしているし、幸せそう。ところが長男は、頑張らせていたのにすごく苦しそうだったんです。その違いを見ていて気付かされたんだと思います。

三番目の娘を妊娠したときは、妊娠前後のお母さんたちのセラピーの仕事をしていました。そこで、妊婦さんの体を見て気持ちを読み取るとか、心を育てることが大事だとわかってきていたんです。そのことが腑に落ちたころに娘を妊娠したんです。

受精した瞬間がわかりましたし、九週くらいで胎動もわかったので、まだ病院に行ってもわからない段階で、なんとなく妊娠したこともわかったんです。また、娘の妊娠中に、長男のアトピーで山の中に療養に行くことになり、ガタガタの山道を車で走っているとき、妊婦の体に負担にならないかと心配で、お腹の赤ちゃんに聞いてみたんです。「こんな状態でも大丈夫?」って話しかけたら、「大丈夫だから行こう、行こう」って言ってくれた感じがしました。結局、ずっと大丈夫でした。

それからも、お腹の中の娘とはずっと会話がはずむ感じがしていました。お兄ちゃんたちが部屋でわいわい遊んでいると、お腹の娘が私も一緒に遊びたいと言っているように、そっちのほうを見たがって動いたんです。そのときは、お腹の娘に「マメちゃん」と呼んでいたんですけど、「これが食べたい」とか「もっとお兄ちゃんたちを抱きしめて」と話しかけてきました。お腹の中にいるときから、要求がはっきりしていて面白かったです。

予定日は六月五日生まれの長男とだいたい同じ日でしたが、結局、娘が生まれたのは次の日の六日だったんです。長男のお誕生日会をしているときに陣痛が来たので、お腹の中の娘に「同じ誕生日になるの？」と聞いたら、「お兄ちゃんのお祝いをしたいから、私はまだ出て行かない」と言っているようだったので、そのままお祝いをしました。すると、ちょうどケーキを食べ終わったころから陣痛が本格的になったんです。

初めて助産院で、家族全員が立ち会って出産しましたが、長男が「赤ちゃん、がんばっているからママ頑張ってね」と励ましてくれたんです。出てきたマメちゃんをいちばん最初に抱っこしてくれたのも長男でした。

助産院では、へその緒が付いたままの状態で母親のお腹の上に乗せてもらいました。赤ちゃんは本能で母親のおっぱいのところまで、ゆっくりよじ登ってきて上手に吸ってくれると聞いていましたが、まさにマメちゃんもそうしたんです。赤ちゃんって、こうして本能でできるんだと実感しました。

そのとき、この子も、余計なことはしないで本人がやりたいようにさせてあげよう、この子が輝くのを邪魔しないようにしようと思いました。

実際、娘はおとなしくて手のかからない赤ちゃんでした。自分で遊ぶようになったとき、夢中になって遊んでいたら、ご飯の時間でもそのままにして邪魔しないように見守っていました。お腹がすいたら自分から言ってくるので。離乳食も、自分が食べたいと思ったら食べると思って、あまり神経質に与えないようにしていました。お出汁が好きで、タイとカツオと昆布のお出汁を用意しておき、たとえばタイのお出汁で目がキラッと輝いたら、その日はタイのお出汁を飲ませて、娘の体からの要求を満たすように心がけました。

彼女は感受性も豊かでのびのび育ってきたし、保育園とか学校に行きたがらないということもなかったんです。勉強も、本人がやりたければやればいいと思っていたので、本人が塾に行きたいというので行かせたり、習い事もこれをやりたいと言えばやらせたりするようにしました。

やがて中学に入り、勉強もできるし、部活動や生徒会の活動も積極的にやっていました。周りからも評判が良く、高校は近くの学校に行くつもりでいたんです。ところが、中三になったころ、部活動の顧問をしてくださっていた先生との折り合いが悪くなりました。それでも彼女は頑張っていたけれど、頑張りすぎてある日、ブレーカーが落ちるようにプツンと気持ちが折れてしまったんです。

私は長男のうつを見ているので、様子が少しずつおかしくなるのがわかっていました。でも本人は「まだ自分でなんとかできる」と言っていたので、余計なことはせずに見守っていました。いよいよおかしいと思って声をかけたとき、事情を説明してくれました。結局、学校に行きたくないと言います。すぐ夏休みになり、受験生には大事な時期でしたが、申し込んでいた塾にも行けなくなり、とにかく静かに休ませて復活するのを待っていましたが、心も体も力が戻ってこないし、夏休みが明けても学校に行けない日が増えていったんです。まだ半分、希望の進学校に行きたいという気持ちはあるけれど、もう体も心も言うことを聞かない状態でした。

私は「えっ、この子も」とびっくりでした。この子は本人を尊重して育ててきたし、のびのびいい感じで育ってきていたはずなのに、娘もこうなるんだとショックを受けました。久々に子育てに参ってしまい、娘と二人でメンタルクリニックにも行きました。

学校からは余計なプレッシャーをかけてもらいたくなかったので、診断書を提出して娘を休ませますと伝えました。熱心な先生がいて、深く理解してサポートしてくださいましたが、今思うと、自然がストップをかけたんだと思います。

それからも半年くらい、娘と話をしながら学校に行ったり行かなかったりをくり返していました。結局、進学校には出席日数が足りなかったことや、また忙しく勉強や部活などを頑張るエネルギーはないと判断して受験しないと決めました。

そのころの私は、とうとう、うちにも不登校がやって来たと思いました。ですが、娘の人生だから、高校は本人が行きたかったら行くだろうし行きたくなかったら別の途に進むのだろうと納得しました。もしかしたら、長男のように五年、六年とかかるかもしれないけれど、それも致し方ないかと覚悟して娘と付き合うことに決めました。

娘は三人の中ではいちばん生命力が強く、私も余計なことをせずに育ててきたので、自分の人生をどうしたらいいのか、娘自身が深く考えるいい機会になったと思いました。それとともに、娘くらいは普通に進むのかなという期待が私の中にまだあることにも気付きリセットできました。

高校は一六校ほど見学に行き、最終的に通信制の高校で週二回通学するところに決めました。先生が本人の希望を尊重してくれるところで家からも近いんです。それまでの部活も勉強もガリガリ頑張るという生活から解放されました。彼女の小さいころからのポワーンとしたやさしい雰囲気が、受験生になってから硬くなっていたんですが、またそのいい雰囲気や彼女らしさが出てきているなと今は感じています。これが彼女の生きる途だし、うちの子たちはみんな個性的なんだというところに落ち着きました。

私も、自分自身が経験したことがないことばかり経験させてもらえるから楽しいなと思えるようになりました。

娘は不登校ではなく、自分の意志で行く、行かないを決めているんです。あるとき、「ママ、なんで学校って行かないといけないの？」と聞かれたことがありましたが、「義務教育だから？」と言ったものの答えが出せないままでした。

【洋子】今のお話を聞いていると、皇の時代のルールどおりに生きているんだと思います。

【小夜佳】まるで事故に遭ったみたいで、あんなに学校生活を楽しんでいたはずなのに、こんなに変わることにびっくりしました。

【洋子】学校に行かない子って、最近は成績がいい子が多いみたいですね。

【小夜佳】娘は勉強もできるほうだと思いますし、精神的にも深いです。お兄ちゃんたちのことについても、私にいろいろ教えてくれました。

女の子は小学校高学年くらいから反抗期に入るんですけど、そのころ私は更年期に入っていてお互いぶつかることがありました。何気ない彼女の一言が私の心にストンと入って傷になったことがあります。そのとき娘に「あなたの言った一言が、すごく私を傷つけたんだよ」と言ったんです。それでも彼女は反発せずに黙って私の話を聞いて、「もう学校に行く時間だからこの話をしない」と言って出かけました。

その後、学校から帰ってきてから、四枚か五枚の手紙を渡されました。「直接話すと、ママの言葉に負けてしまうから、私は手紙にしました」と。そして、「読んでほしいけど返事は要らないし、ただ読んでください」と。「私にはその意図はなかったけど、ママを傷つけていたらごめんさない、でも私にはこういう理由があります、悪気はないので気にしないで大丈夫」といったことが書いてありました。そして、「家族というのはこういうことをくり返すし、ときには傷つけてしまうかもしれないけれど、毎日ご飯を一緒に食べたりして暮らしていくものだし、信頼し合えているから家族だと思う」みたいなことも書いてあったんです。

【洋子】 どっちが親だかわかりませんね。

【小夜佳】 娘は、私にしてほしくないことも伝えてきました。「いちいち言わなくても自分でちゃんと考えています」とか「勉強は自分で考えて必要なときにやる」とか「遊んでいるときは頭を休めたいから細かく言う必要はない」とか……。それについても返事は要らないと。娘だけど、この人、すごいと思いました。

子育ては自分を見つけるいい機会

【洋子】本当にすごいですね。反抗期というのは、小さいときのいやいや期もそうですが、成長の証しじゃないですか。そのときに、親は何もしなくていい。放っておけばいいんです。

最近、私に自然から来るメッセージが「放っといて……放っといて……」という言葉です。最初は「何?」と思っていたのですが、気付いたのは今、世の中の多くの人々が「お節介イヤ、放っといて……」と思っているということでした。交流会で早速その話をしたら、「そうそう、そのとおりです」と皆さんがおっしゃっていました。

ある方が三十代の娘さん(一歳の子どもの母)に、「女の子だから夜歩かないほうがいい」と注意したら、「ママ、もう子どもじゃないんだから放っといて。自分で生きていきます」とメールが返ってきたと話していました。もう本当にお節介や干渉はダメな時代になってきました。

たとえば、先ほど小夜佳さんが、子どもが引きこもっているのに、自分がいなくなったら大変みたいにおっしゃっていましたが、私は、そんなふうに不安に思わなくていいと思うし、お子さんはちゃんとわかっているんです。今、家に引きこもっている子どもと親が同居しているという話をよく聞きます。親は自分が亡くなったら子どもはどうなるだろうと心配している。でも、親が亡くなったら子どもは外に出ていくから、大丈夫なんです。

私はそもそも外に出たくなくて二週間に一回しか買い物に行きません。その分、荷物が増えるので、帰る途中フラフラになって救急車を呼びますかと声をかけられるんです。私は巣ごもりと言っているのですが、引きこもりみたいなものなんです。もし私に同居人がいたら、買い物にも行かないと思います。

今はまだ祖の粗い空気なので、外に行きたくないだけで、空気が細かく穏やかになってきたら大丈夫、外に出ます。人間はそのように出来ているんです。

【小夜佳】子育てをしていて感じることなのですが、子どもに何か言いたいときは、私が私のことを見ていないときなんです。息子や娘にお説教をしたくなるのは、実は私の中の自分がもっと自分の声を聴いてくれと言っているようなときなんです。そんなときほど子どものこととか周りのことが気になる。子どもに対するイライラって、構ってもらえない自分が中にいるんだと気付くことがあります。私の機嫌のいいときは、子どものことは何も気になりません。だから、子育ては自分を見つけるいい機会だと思います。

まずは自分を幸せにすることが本当に大事だなと、子育て二十七年目にして痛感しています。

【洋子】まったくおっしゃるとおりです。子どもは母親の鏡ですね。私の母は病弱でしたので、私は小学校のころから三十歳近くまで食事作りもやって、ずっと主婦役をしていました。そうして母親が寝ていると家が暗くなるんですね。なので私は、もう結婚は嫌だ、自分の人生を生きたいと思うようになり、更年期で寝込んでいる母を置いて三十歳のとき、美容学校のインターンのため東京で一人暮らしをはじめました。結婚もしていないんですが。母親がニコニコして樂しそうにしてくれるのが、子どもにとっていちばん安心するんです。

よく父親や母親のあの一言がすごく心に突き響いたとか、このように躾けられたとおっしゃる方がいますが、私の場合はそれがまったく何もない。私の親がもっとすごい人だったらとか、偉い人だったら良かったのに、なんでこの親のもとに生まれたのだろうと思っていました。母親はなにかあるとすぐ泣く。でも、今思うと、私が母親を泣かせていたんですね。祖の親は皇の子の私をどういうふうに育てていいのかわからず戸惑っていたのだと思います。すごく育てにくかったにちがいありません。

でも過干渉ではありませんでした。私が夜な夜な遊んでいても、洋子は言っても聞かないからしょうがないと諦めて陰で悩んでいたみたいです。でも、今思うと、私はあの両親を選んできたんです。母を泣かせていましたけれど、私は自分の人生を思うように生きられていたから、親を恨むこともなく何の悔いもないので本当に良かったと思います。今気付きましたが、その意味で最高の両親だったのですね。感謝です。

【小夜佳】「子どもたちが小夜佳さんを選んだね」と言ってもらっても、自分ではよくわからない。ただ、母親になったとき、私自身が放任されて育てられたのとは反対に、子どもたちに対してはガチガチしないといけないんだと勘違いしていたんです。長男がよく「心配はしないで信頼をしてくれ」と言っていたのですが、それは私が自分自身を信頼していないとできない。子どもたちを通して、自分を信頼できるようになったことで、人生の土台がしっかりできたし、今は生きていて良かったと思っています。

【洋子】私が遊んでいたころ、母に「あなたの娘ですよ、だから信頼してください」と言ったことを今思い出しました。

【小夜佳】私は中学生だった長男に言われました。

【洋子】子どもって、本当にわかっていて、親が野放しにすると、自分がしっかりしなければと思うんですよ。ダメ親のほうが子どもはしっかり育つと言われますね。

天縄文理論の実験は命がけ。できないことははっきり断る

【小夜佳】ところで、小笠原先生と洋子さんの関係について聞いていいですか。十六年間も命がけで実験を続けてこられたと伺って、なぜそこまでして洋子さんは小笠原先生の実験についていかれたのか、とても不思議な関係だなと思ったんですが。

【洋子】不思議ですよね。魂の友ですかね。小笠原さんから「ワワハと交信したら、小山内さんと僕はこの研究を一緒にするために約束して生まれてきたんだって。だから大事にせいとワワハから言われた」と聞きました。ところが「大事にする」とは私が思いも寄らないものでした。無視され、みんなの前で恥をかかされる、質問しても教えてもらえない。周りの方たちが、先生は小山内さんに冷たすぎると同情されるほどでした。本当の意味が理解できたのは小笠原さんが亡くなってからです。理論的には愛は進可するほど冷たいということを。

私たちが感じている愛は情で、情は愛についたゴミです。おかげで私は小笠原さんから自立し、何でも自分で考えることができるようになりましたし、魂職ならばと覚悟をしました。小笠原さんは、体を張って実験を続けていましたが、それがすごいんです。

【小夜佳】命がけですものね。できないですよね。

【洋子】本当にそうなんです。私も必死で、この実験をやると命が危ないとセンサーでは感じながらも、それをやらせるとはすごいなと思っていました。本には不思議なことも書いてあって、洋子さんだからできたんでしょうと皆さん言われるけれど、そうではなくて、とても不思議なことですが、皇の時代になったら、それが皆さんにも当たり前のように起こることを一足先に体現しているということですので、そういうふうに本を読んでほしいなと思っています。

【小夜佳】小笠原さんとは、どんなふうに実験されていたんですか。

【洋子】詳しくはエムエム・ブックスさんから出版されている『いよいよはじまる皇の時代　天縄文理論はどのように生まれたのか』に書きましたが、何々の実験をやってくれと言われても、私はそれをやると命が無くなるかもしれないのです。それでも「私、やってみます」と言ったとしたら、小笠原さんはやらせるんです。命が無くなっても、「それはあなたがやるって言ったのだから自己責任」と、とてもドライな感じです。

しかも、「これをやって」とは言われるけれど、何の実験かは絶対に言われないし、もちろん答えも教えてもらえません。ですから、やってみてから、「ああ、こういう実験だったんだ」と自分で気付くしかない。

【小夜佳】 ちょっと無慈悲な師だなとかは思わなかったんでしょうか。

【洋子】 ちょっとは思っていましたよ。けれど実験というのは、小笠原さんが私を選んでいるわけではなくて、ワワハと交信して「この実験は小山内洋子にやらせろ」と小笠原さんに信号がきていたんです。ですから小笠原さんは仲介役で、私はいつも、ここで理論から離れるかどうか、ワワハか自然から試されていると思っていました。でもそういう背景があったから、私は本を書くことができたと思います。そうじゃないと、書けないんです。

あるとき小笠原さんから「この本を書くということは並大抵のことではない。全身全霊を注ぎ込むわけで、実感がないものに関しては書けない。だから大変な思いをさせるけど辛抱してね」と言われました。やはりそうだったのだと初めて合点がいきました。確かに小笠原さんと関わった十六年は、本当に辛抱が必要でした。それに耐えられる人、そしてこの本を書く役割の人しか書けないんだと思っています。

【小夜佳】 小笠原さんは、どうしてそこまでして実験をされたんですか。

【洋子】 全宇宙的なことを解明する役割を背負って生まれてきたからです。読者の皆さんも、この本は個人の考えなどではなくて、壮大な宇宙レベルの話だからすごいと言われます。

私の価値観が変わったのは、小笠原さんが病弱で小学低学年までしか学校に行っていないことです。その方がこんな世界初というすごい理論を構築したのですから。

【小夜佳】 『自立共育』の本を読んで、洋子さんは小笠原さんからフォローされているのかなと思っていたけれど、自分で書くことについても「できることはできるし、できないことはできないので、できないときははっきり断りました」と書いてありました。それを読んだときも、今お話を聞いていても、洋子さんが相当な覚悟で書かれたことが伝わってきます。正直、怖いと思ったりもしたのですが、もっと違う大きな次元で書かれだんだと気付き感動してグッときました。

交流会からの帰り、自宅が同じ方向だったので、洋子さんと同じ電車になりましたが、そのとき洋子さんが「私の本はワインさんが書かせてくれた本だから、そんなに時間をかけないですぐ書けてしまったんです」とおっしゃっていました。私が「ワインさんに頼んだら、私も何か書けるんですかね」と質問したら、「それが、あなたの魂職だったら書けるわよ」とおっしゃったんです。

その日の晩に、ワインさんに「私も表現をすることがありますか」とメッセージを投げかけて寝ました。そうしたら、洋子さんから次の日電話をいただいて、「本、書かない？」と言われたんです。もしかしたらワインさんからＯＫが出たのかなと思いました。同時に、交流会で〝腹をくる〟ことが大事と聞いていたので、初めてのことですが、思い切って本を書こうと決意しました。
また、私に本を紹介してくれた尚美さんから「小夜佳さん、この本は読んじゃったら後に引けないから」と言われていたので、読んだからにはうやむやにしないようにしようと思ったんです。

【洋子】あら、そんなことを言われたんですか。交流会などで質問や悩みを聞いていて思うことは、だいたい一つの結論に辿り着くんです。それは〝腹をくる〟ことです。これで解決することが多いです。

私が研究費に全財産を出したことについて、後になっていろいろな人から「よく出しましたね。私だったら絶対に出さない」と言われたこともあります。でも、私は本を書く役割があると思っていたから、すっと出せたんです。それに、私は昔から働かなくても食べられると思っていたので、入るものは入ると思っていました。

といっても、小笠原さんに出会う前は一人前に欲というのがあって、祖流でお金を増やしていました。そのときの目標は一億円で、湯量の豊富な温泉のある別荘地に土地を買って丸太小屋みたいなものを建てようと思っていました。そこに下見に行くと、温泉の湯量がものすごく多いし、おとぎの国のようなところでした。ここに住めたら幸せと思って、その土地を買いました。将来、六十歳になったらそこに家を建てようと考えていたんです。

そのころは、ある著名な評論家の方の本を書くお仕事をしていたのですが、六十歳になったら自分の好きなことを書きたいと思っていました。当時は、銀行に一億円預けておくと、金利だけで悠々と一年間食べていくことができました。もし私の身に何かあったときは、老人ホームにその一億円で入れるという計画も立てていたんです。

投資もして利益がいっぱい入ってきていましたから、もう少しで一億円貯まるところまで来ていたのですが、そのときに小笠原さんに出会い、それを研究費として全部出すことになって……。

後になってわかることですが、理屈は次のようになります。

すでに本にも書きましたが、私たちの体の構造は五体にそれぞれ心があります。

魂心（肺にあり十数億年刻まれた自己プログラム〝己录〟を司る）↓靈心（性殖器にあり対人を司る）↓靈躰心（腸にあり商売、経済、お金を司る）↓幽体心（胃にありことば、感覚を司る）↓肉体心（第四脳室にあり寿命を司る）となっています。

さて、問題のお金の領域に関係するのは靈躰心で腸（丹田）にあり、入金＝臍《へそ》↓溜める（貯める）＝腸↓出金＝仙骨にあります。今まで腸に溜（貯）めたお金は祖のお金です。

一方、閃きは空腸から腸管膜を通って脳にいきます。したがって、腸に祖のお金をいっぱい溜（貯）めていると、皇の閃きが出ません。そこで、ワワハは私に祖のお金をいったんゼロにして、皇の閃きを出すようにしました。なぜなら、皇の閃きが出ないと、天縄文理論の本は書けないからです。

この理屈は後になってわかるので、全財産を出した当時は理解していませんでした。けれど、この研究を行うことや理論書を書くということが魂職と魂心に刻まれていることからか、私は当然のように迷うことなく出したのだと思います。

そのとき思ったことがあります。お金が全部無くなると、すごい解放感があり、一瞬欲がまったく無くなりました。あとは、必要だったらちゃんと私を食べさせてくれるよねと自然に託したんです。そうして生きていたら、いろいろな人からいろいろなものが来るし、お金も入ってくるようになりました。「私、本当に大丈夫」って自信を持てたんです。

皇の時代のセンサーは女性にしかついていない

【小夜佳】 日本経済が豊かになるにつれて、親が子どもに過干渉になってきたように思いますが……。

【洋子】 そうですね。それと少子化と情報過多もありますね。私の年代は戦時中、戦後を通過していることもあって、みんな同じく貧乏でしたので、自分だけ貧乏だとは思わないわけです。私は周り中が農家で育ったので、新鮮な野菜は十分に食べられる。二十歳ぐらいまでは井戸水を飲んで、小さいときは野山を裸足で駆け回っていたんです。
当時は、昼間は全戸が鍵もかけず、子どもだけ放り出され勝手に育っていった時代でした。情報源はラジオだけでしたが、それもほとんど聞いたことがありません。
ところが今は、マイナスの情報ばかりたくさん入ってきます。運動しないと筋肉が衰えて病気になるとか脅すんですけど、いやいや私、大丈夫。なぜなら、自然は今、運動しなくてもいいような肉體につくり変えているからです。
【小夜佳】私は子どもを育てていて、何度か腹をくることがありましたが、男性はどうですか。
【洋子】男性というのは守りに入るんです。女性には、さあ、来るんだったら来いと腹が決まるすごさがありますよね。昔から、強い男と弱い女は見たことがないというんです。
【小夜佳】本当にそうですね。
【洋子】本にも書いてありますが、男性は中がマイナスで弱いから、外を強そうにしてプラスにしようとするんです。女性は中がプラスだから、見栄えをマイナスにして弱そうに隠しているわけです。

【小夜佳】 そもそも、そうなんですね。

【洋子】 作りが違うんです。性器も一方は出っ張っているけれど、もう一方は凹んでいるじゃないですか。

【小夜佳】 確かに凹凸ですね。

【洋子】 本にも書いたんですけれど、小笠原さんは家で女性ばかりに囲まれていて、「うちで一言言うと百言返ってくる。だから、女性とケンカしたらダメだよ」とおっしゃっていました。亡くなってから、奥様と私が二人でお話をしていたとき、「お父ちゃんは、うちで怒ったことがなかったの」とおっしゃるので、「え～？」って驚きました。私たちの前では、すごく喜怒哀楽を出されていたからです。小笠原さんといえども、バランスを取るためにプラス、マイナスをゼロにしないといけないから、私たちにとばっちりが来ていたんだと思いました。

【小夜佳】 今はすごい転換期ですから腹をくることができる女性の決断力とか

行動力が必要なんですよね。

【洋子】皇の時代のセンサーって女性にしかないんです。男性には無いんです。

【小夜佳】男性にはゼロなんですか。

【洋子】そうです。男性には、そのセンサーが無いんです。ですから、女性がこうしてください、こういう物を作りたいと言ったら、その声を聞いて、男性は実行する役目です。もちろん、それはどちらが上で、どちらが下ということではなく、天縄文時代は、センサーを持っている女性が主導権を握るんです。

【小夜佳】平成生まれの子どもたちはどうなんですか。

【洋子】子どものセンサーも優れています。小笠原さんが「何かわからないことや作りたいものがあったら、若い女性に、これ、どう？　と聞いてみるといいよ。そうすると流行りとか受けるものができるよ」と言っていました。

これまでは、会社で何か開発するときは、たとえば化粧品でも下着でも全部男性がやっていたんです。ところが今は、若い女性が開発に携わっています。ですから、そういう人たちを雇っていない会社はつぶれていくかもしれませんね。

【小夜佳】そう思いますね。娘も彼女が、これがいいねとはまって、すごく集中してやっていると、その後から不思議と周りで流行っていくことがあるんです。そのセンサーはすごいんです。でも、目立つのは嫌だから、控えているみたいですけれど。

先ほど、子どもにもセンサーがあるとおっしゃっていましたが、女の子と男の子の場合はどうなんでしょう。男の子は成長して大人になるとセンサーが無くなってしまうとか。

【洋子】そうですね。子どもは純粋でゴミがないし繊細だからわかるのですが、男の子は元々無いわけですから、大きくなると無くなっていくんだと思います。

交流会には、男性はいつも一名とか二名です。増えてくるとしたら、奥様に促されて参加されるようになっていくかもしれませんね。最近は小さい男の子がときどき来てくれています。

でも、女性でも創造的なことができる方は一部で、あとは、男性の下で均一な物を作るための作業をする担い手の大部分が女性なんです。

【小夜佳】私が以前お仕事をしていた会社では、アイデアマンの女性が新しいアイデアを出して、それをパートナーの男性が形にしていくようになっていました。アイデアが突飛すぎるとついていくのがちょっと大変なんですけれど、そのやり方で右肩上がりに会社は成長していきました。

【洋子】女性がデザイナーで、夫がサポートしているようなところもありますね。

【小夜佳】子育ても、まさしく同じなんですよね。結婚していた当時、私は夫と一緒に子育てをしているつもりでしたが、彼は子どもがいないときと同じくらい私との時間を欲しているところがあったんです。ところが、どんどん子どもが増えていき、私は個性豊かな子どもたちにエネルギーをたくさん使っていました。私はパートナーにサポートされながら、一緒に子育てをやっていきたいと常に思っていたんです。溝は少しずつ大きくなり離婚になりましたが。

自分が自立していないと本当のパートナーは見つからない

【洋子】小夜佳さんは、いつごろシングルになったんですか。

【小夜佳】十年前からです。なんか宇宙人みたいな人で、変わっているんです、夫も。それもあって、離婚後もちゃんとこちらから働きかけをしないと自分が父親だったことも忘れてしまうようなところがあると感じていました。

とくに離婚当時、小さかった娘に関しては、父親の記憶を無くさないように、一緒に遊びに行くとか、ご飯を食べに行くことは定期的にやっていました。今は、娘が父親と直接やり取りしています。私はいつ会うなどは決めていませんが、卒業式や運動会などには私と一緒に行っていました。そういう関係もあるから養育費や学費も送ってくれています。

私にとっては何より距離感がすごく大事で、今は子育て共同作業をしている仲間という感じです。

【洋子】 不思議なことに、離婚したほうがすごくうまくいくことがよくあるんですよね。交流会に来てくれた方で、相手は離婚しても同じ家に住んで家のことを全部やってくれていて、前よりもすごくいい関係だそうです。距離を置けるとうまくいくようです。

【小夜佳】 だからといって再婚したいとは思わないけれど、今の関係がうまくいくし、感謝も湧きます。今の関係だから「どうもありがとう」と言えるんです。やはり、距離感はすごく大事だなと思います。

【洋子】 交流会の親睦会では、ぶっちゃけ話がよく出てくるんです。たとえば、離婚したいけれど、小さい子がいるからできないという話も出てきます。体に触れられても嫌だというのです。女性って、一回でもダメだと思うと、もう無理なんですね。けれど夫はそれがわからなくて、「なんで離婚しなきゃいけないの?」って聞いてくるけれど、それも嫌だと。

正直に言いますと、今、夫とうまくいかないという女性が本当に多い。でも、夫はそうは感じていない。なんでそういうことが起きているかというと、祖の時代って、中にいる祖の人が固定しているんです。
ところが移行期になると、祖の人が浄化、消化されて出て行くわけです。するとどうなるかというと、その人の中にいる祖の人が恋愛をして相手が好きになり結婚したけれど、浄化、消化で出て行っちゃうと、「あれ、私、なんでこの人を好きだったんだろう」となるんです。それで、ついには離婚になってしまうことが今は多くなっています。

【小夜佳】 そうですね。子どもを産んで子どもの視線に合わせて夢中で子育てをしているうちに、自分の価値観が変わっていったと思います。その自分から見ると、あれ、どうしてこの人と一緒にいるんだろうと思うようになっていきました。
ところで、今日ここに来るまで、正直、私はそわそわ、どきどきしていました。この感覚、どこかで味わったことがあるなと思っていたら、出産のときを思い出しました。とくに三番目の子を産んだときは助産院だったので、自然な出産になります。出産時にお母さんが力んでしまうと、赤ちゃんはうまく出てこられません。出産は助産師さんが何人いても、お母さんと赤ちゃんにしかできない行為なんです。赤ちゃんと息を合わせリラックスして波に乗れると、スムーズにお産が進んでいくんです。誰も助けてくれないから、自分で腹くくって産むしかない。

　こうして洋子さんと対談をするのも、そのときの感覚にすごく似ているなと思いました。私の代わりに誰かがここで話すことはできないし、自分で話すしかないわけですが、お産のときのようにリラックスして上手に言葉を生み出していこうと腹をくくって来たんです。

　私が学んだ整体では、今まで積み重ねてきた体と心のクセが出産で一回リセットされると考えます。そんな出産を三回やっているので、洋子さんがおっしゃるように私の浄化、消化がどんどん進んだため、夫との違和感が深まっていったんだなとわかりました。子育てをするなかで、そのときどきの状態を夫に説明したり、一緒に子育てをやってきたりしていたつもりでしたけれど、全然わかり合えていなかった。私は自分の親が離婚していたから、自分は結婚したら離婚だけはしないと決めていましたが、あるとき、これ以上一緒にいるのは無理かもしれないと気付きました。そう決めたとき、私の中に光が射したんです。

【洋子】今までは一人でいられないから互いに支え合うために一緒になるということでしたけれど、これからは自立した者同士がパートナーになって生きていくようになってきています。自分が自立していないとパートナーは見つからないのです。

やがて戸籍制度もなくなりますので、今までの家族という形態はなくなります。今までの結婚から綸婚《かんこん》に変わります。綸婚とは宇宙のルールに則って結ばれる縁、すなわちパートナーと共に歩むことです。

パートナーには魂の友、靈の友、靈体の友、幽体の友、肉體の友などあります。そのなかで霊体の友は仕事を一緒にする友で、幽体の友は遊ぶ友とか子どもをつくる友なんです。魂友とか靈友の場合は子どもをつくらないんです。

すごく結婚に憧れている人はたくさんいますが、玉の輿に乗って楽になれば幸せになれると考えてしまうんですが、もうそういうことはあり得ない。男性がどんどん引っ張っていってくれるというのもあり得ない。ちゃんと自分が自立して確かな自分を持っていないと、本当のパートナーは見つかりません。そのためにも、『自立共育』が大事なんです。

【小夜佳】今のパートナーとは、子どもたちが落ち着いたら再婚もいいなと思っていましたが、お互い元気であれば、たまに会って楽しめれば、それでいいのかも、という感じに変わってきたんです。わざわざ籍を入れなくてもいいかなと。

【洋子】浄化、消化で自分の中がどう変わるかわからないですしね。

【小夜佳】彼は安定志向のタイプで、私は、この先のことがしっかり決まっているわけではなく、まあなんとかなるかみたいなタイプなので、「俺には怖くて、そんな生き方はできない、よくやるね」と言われています。

発達障害の次男が我が家のキーパーソン

【洋子】男性って視ていると、本当に守りが強いんですよね。持っているものを守る方に向かいやすい感じなんです。

今の若い男性は本当に貧乏になってきています。男女関係なく子どもたちは小さい子でも、お小遣いをもらうと貯金するっていいますね。かわいそうですね。それは、親から「大変だ」と聞いているから、そうなるんでしょうけれど。

自然を本当に信じていると、必要であれば、ちゃんと食べさせてくれる、自然がちゃんとやってくれると思える。

私は、男女問わずみんな、樂しいほうが好きだろうと思っていましたが、そうでもないんです。

ちゃんと生活できているのに、お金があるのに、問題をつくって悩んで、苦しい、苦しいって言っているほうが好きな人がいるんですよ。暗いほうが好きな人とか。

どうしてもお金の不安がぬぐい切れない人は貯金箱に五百円硬貨の貯金をしてください。たとえば、買い物をしたときに貰ったお釣りを貯金します。すると、先ほど話しましたが、腸に祖のお金が溜まり、お金の不安がなくなります。ただし、慾を出して一度にたくさん入れないでくださいね。

一日に二十枚入れて体調を崩し救急車で運ばれた人がいました。また、祖のお金が溜まると皇の閃きが出なくなりますので、どちらを選ぶかです。

【小夜佳】 なかには、十年後に会っても、同じことを言っている人もいますよね。

【洋子】 なんでも不安がって、不安が好きなんだと思うような人もいますね。そのほうが、気持ちが落ち着くんでしょうね。

【小夜佳】 幸せになるのが怖いんですよね。

【洋子】 変化が怖いというのもありますね。

【小夜佳】 今が幸せだと、次は不幸になるかもしれないと心配になる。今は幸せなら次も幸せになると本には書いてあるけど、いいことがあると、こんなところで運を使いたくなかったみたいに言う人もいます。

【洋子】 人生、若いころが良かったら、逆に老後はダメになる、みたいに考える人もいますね。

【小夜佳】 私も、そう思っていたこともありますが、不幸の先には不幸しかないし、幸せならずっとそれが続くんだと気付いたんです。テレビのニュースでは辛い話題がたくさん流れているけれど、それを知ってもなんのメリットもない。それなのに、観ておかないとリスクに対応できないみたいな感覚でニュースを観ていた気がします。

次男はとても癒しの人で、すごく波動が落ちているような人を見かけると、小さいころは手をつないであげたり、その人の膝に乗ったりして癒していました。なので、暗いニュースはとても嫌いなんです。ですから、私がニュースを観ようとすると、テレビをパチンと消してしまうんです。今も、地震や戦争のニュースがあっても、私が観ようとするとテレビを消してしまいます。

【洋子】そうなんです。この理論では、破壊の場面を見ることは異常だと考えています。地震も戦争もそうです。あるいは、外を歩いて取り壊し中の家屋に出くわすことがありますが、そのような場面に出合ったら異常だと思いなさいと言っているくらい、破壊を見ると運が落ちるんです。

【小夜佳】私がニュースを観ていると、いつも次男がすぐに来て消してしまい、面白い動画を一緒に観て、私を笑わせようとするんです。

【洋子】すごいですね。

【小夜佳】次男はキーパーソンで、彼がいなければ長男は今とは全然違っていたと思うし、流産したあとに生まれたことについては、自分が二回生まれてきたのは、どうしてもママに会いたかったからだよと教えてくれました。

次男は生後三カ月ころに百日咳にかかりましたが、本当に百日咳き込むんです。そのときは死んじゃうかもしれないと思いましたが、赤ちゃんが生まれて育つのは当たり前ではないと気付かされました。その後、五歳のときには川崎病になって入院しました。もしかしたら死んでしまうこともあるというので委任状も書きました。でも、無事に退院できたんです。さらに十歳のときには交通事故に遭い、大腿骨を骨折して二カ月また入院しました。

そうして何度も命がけのことをくり返してきたので、いつ死んじゃうかわからないから、本人の好きなことをさせようと思えるようになったんです。とはいえ、どこかに出かけて行っても、どこかで彼の生命力なら無事に生還してくれるという信頼感を持てるようにもなりました。

自由にしておいてくれたことが親に対する最大の感謝

【洋子】あの世に逝くときには、自分の意思ではなくて、自然が決めていることがすごくよくわかります。私は小さい頃から、ものすごく虚弱体質で喘息になり、二十歳になったとき母親が「よくぞ、ここまで生きてくださいました」と言ったんです。私に何か起こるたびに、今度こそダメだ、今度こそダメだと何度も思ったというんです。必要ならば、母親が心配してもしなくても、ちゃんと生き残るし、いくら大事に育てても早くに亡くなる人もいたりします。そういうものなんだと思います。

親から捨てられた子どもでも、ちゃんと生きています。戦後、シベリア抑留からすごい思いで帰ってきた人のように、生きる人は生きている。いくら平和のところで大事に育てられても早く亡くなる方もいらっしゃいます。すべては自然の采配なのだということがすごくよくわかります。

【小夜佳】本当にそのとおりだと思います。人の生死は、たとえ家族でも決められないと思います。

私の父親はフーテンの寅次郎みたいな人で、私が高校生のころにふらっと出かけて、そのまま帰ってこなかったんです。それから十数年音信不通のままで、ある日ふらっと現れました。その後、脳血栓を患ったり交通事故にも遭ったりして寝たきりになっていましたが、一人で暮らしていました。

私は、父親の消息を知ってから何度か会いに行きました。父は行政の援助でヘルパーさんや看護師さんに面倒を見てもらっていました。家は猫だらけだったけれど、大家さんもそのまま住まわせてくれていました。最後のほうはヘルパーさんに暴言を吐いたりすることも増えて、行政から娘さん（私）が来るとお父さんがおとなくしなるので来てくださいと言われて行ったこともありました。

そんなふうに散々人様に迷惑をかけましたが、最後は福祉のお世話になりながら大家さんの温情で最後まで自宅にいることができました。いよいよ最期のときも、ヘルパーさんや近所の人、大家さんまで集まって父親を説得して入院させてくれました。

私が病院に駆けつけたときはまだ意識はあって、ご飯を食べさせてあげることができましたが、遠方から姉や兄も来たときは意識がなくなっていました。集中治療室では、集まったみんなで、あんなこともあった、こんなこともあったと昔話ですごく盛り上がり、私たち子ども三人と孫三人に囲まれて息を引き取ったんです。ヘルパーさんや大家さんとは、「あんなに好き放題に生きて最後の最後まで人様に迷惑をかけたけど、どうしたら最後まで幸せに過ごせるのかな」と話しながら見守っていたんです。

こんなにわがままに生きても、しかも脳血栓を数回患い、ガンも発症していたにもかかわらず余命を二年ほど延ばして生きることができました。そして最期にみんなに見守られながら亡くなったんです。

そんな父親を見ていて、人って簡単に死なないんだなと思ったんです。しかも、こんなに人に迷惑をかけても、最期はみんなに骨を拾ってもらい、お線香を上げてもらえたんです。なんて幸せな人なんだろうと思いました。だから、そんなに正しく清く生きなくてもいいんだと、父親から教えてもらった気がします。

【洋子】 交流会に参加された方のなかに、お父さんがほとんど内臓を取ったけれど九十何歳まで生きられたという方がお二人おられました。自然が人間を生かすということは、そういうことなんですね。逆に二十年くらい無農薬の発酵玄米と菜食に拘っている方がガンで亡くなったりしています。

【小夜佳】 なかには、早く亡くなる方もいますが、それは自分で決められないことですね。自分の子どもも同じだと思っています。どんなに可愛がってもダメなときはダメだろうし、反対に私が親として十分やって上げられないことがあったとしても子どもは勝手に育っていく。父の姿や次男を通して、そのことを教えてもらった気がします。だから、子どもたちを腹をくくって送り出せているのかなと思います。

とはいえ、心配な気持ちはあります。たとえば、娘が中学を卒業したとき、卒業旅行に行きたいと言いはじめたことがあります。それも、まだ会ったことのない静岡にいるオンラインで出会った同い年の女の子に会いに行くというんです。急なので私は行けないから、行くなら一人だねと言うと、それでいいと言います。しかも、一人で浜松のビジネスホテルに二泊も泊まることになるけれど、「ほんとにいいの？」という思いもありました。一泊二日ならまだしも、二泊三日でゆっくり楽しみたいと言います。行くと決めているから信頼して送り出すことにしたのですが（無事に帰ってきました）。

【洋子】 今はＳＮＳで出会って結婚する人たちもいて、それで幸せになる人もいますし、騙される人もいますし、なかには殺される人までいます。それはどのみち、その人の人生の決まりなんです。

私が生きてきて思うのは、自分が思うように生きられて、すごく幸せということです。だから、私を自由にしておいてくれた私の親はすごかったと思うんです。そのことが親に対する最大の感謝ですね。お陰で悔いなく生きてこられたし、あんなに滅茶苦茶な人生を生きていたのに、今は時代を先導するようなことをできているのですから。

これもあれもと思っているとゴミをつかんでしまう

【小夜佳】魂職の話を読んだとき、私もそうだなと思いました。私は女性の心と体のセラピーの仕事をしていますが、そうして女性をフォローすることができたらいいなと思ってきたし、私はそれが得意なんだと思ってきました。でも、子育てでいろんな体験をしてきたので、そのことを話したらいいと言われたことがありました。

とはいっても、子どもを東大に入れた母親でもないし、我が家の子どもたちはいろんな問題を抱えたままなんです。

なんとか乗り越えてはきたけれど、原因は私にもあるかもしれないから、子育てについて伝えるような仕事を今後やっていくのは違うかなと思っていました。でも、これまでの人生を振り返ると、いちばんエネルギーを注いできたのは子どもたちへの対し方だったことも事実なんです。そういうことを伝えることだったらできるかなという思いが、あるときふっと湧いてきたんです。

【洋子】そうなんです。魂職って探したくなるけれど、そういうことではない。私は小笠原さんから、最初の出会いで食事をしているときに理論書を書いてよと言われたんです。そのとき、この方は安易だなと思ったんですよ。そのころ私はある著名な方の本を書く仕事をしていたから、小笠原さんはそう言われたんだろうと思っていたけれど、実は役割としてあったんです。

皆さんから教育の本を書いてと言われたときも、それをやるのは私じゃないと思っていました。そもそも私は子どもを産んでいないし、育ててもいないし、今の学校教育がどうなっているかも知らないし、子どもはギャーギャーうるさいので嫌いだったし……。だから、教育について書くのは教育の専門家にお任せしようと思っていたんです。まさか教育について書くなんて考えてもいませんでした。

ところが、交流会に参加されるお母さんたちのお話を聞いていて、ビビッときたんです、やはり教育について書かなきゃと。そのとき、そういえば小笠原さんから教育について書くように言われていたことを思い出しました。私は教育について書く役割を持っていたのです。自分ではそのことを気付かなかったけれど、必要なときに必要なことが起きるんだなと思いました。

もう一つ思い出したことがあります、そもそも私は子どもが大好きだったことを。私が田舎のおばあちゃんのところに預けられたのは戦時中。周囲に子どもは私一人。終戦で各々の家に戦地から男性が帰ってきて結婚、次々と子どもが生まれました。一番上の私はその子たちの子守りをしながら農作業の手伝いをしていました。皆を引き連れて野山を駆け回り、ときには悪さをするガキ大将。静寂が好きでしたが、刺激を求めてお転婆娘洋子になる素地はそのときに培われたのです。当時の私は、将来保育園か幼稚園の先生になりたいと思っていました。

【小夜佳】 昨日、『自立共育』の本を読み返していたら、年齢に関することが書かれていました。私は今、ちょうど五十歳ですが、その歳からは人のために動くようにと書かれていたので、自分の子育てについて伝えるといいんだなと思ったんです。娘が学校に行かない選択をしたり、通信制の高校に進学することについても、本を読んでいて腑に落ちたので、こうして話すことができています。娘がどうなるかわからないと不安の渦中にあったときは、私も消えてなくなりたいような気持ちでもあったので、そのときなら難しかったと思いますが。

【洋子】ですから、その時期って自然が決めているんです。岐阜に移住してご夫婦で出版社を立ち上げた人がいるとラジオで聞いて、私は心の中で、なぜかこの方に原稿を託したいと思っていて忘れていました。その間、自分が出しますと数人の方が言ってくれたり、友人が出版社にかけ合ってくれたりしたのですが断られたりして、数年経っても出版になりませんでした。

ところが自然が決めた時期になったら、服部みれいさんから声がかかって対談をすることになり、私が最初に原稿を託したいと思った方がみれいさんとわかって、本を出版できたんです。

そのことでも、時期が大事だなと思いました。みれいさんからも「もっと前に原稿を読んでも私にはわからなかったと思います。やはり時期なんですね」と言われました。

時代は流れていきますから、ちょうどよい時期に目の前に来て、それを自分でつかむかつかまないか。もちろん要らないものも流れてきますから、これもやりたいあれもやりたいと思って慾深く何でもつかんでいると、ゴミをつかんでしまうわけです。でも、必要なものをつかまなかったら、時期がはずれてしまう。そのとき、ゆっくり、のんびりしていると、これだとわかります。

【小夜佳】 確かに、ゆっくり眠った日って奇跡みたいなことが起こるんですよ。皇の時代のことを紹介したいと思うお友達が数人います。そのうちのひとりは、お子さんの生きるペースをとても自然に見守ることができている素敵なママで、ご近所ではなく電車を乗り継がないと会えないし、彼女はとても忙しい人。いつか彼女のところまで行って、この本のことを直接話したいと思っていました。

するとこの本を紹介したい別のお友達から急にお茶に誘われました。彼女もすごく忙しい人なので「行く、行く」と言って会いました。彼女にも三人子どもがいて、この本について話していると「わかる、わかる」と盛り上がりました。彼女と別れた後、うちの近所でお茶でもして頭の中を整理しようと思いお店に寄り、その帰り道で絶対にいるはずのない彼女が私の目の前にいたんです。「どうして、ここにいるの？」と聞いたら、たまたま仕事で近くに来ることになったと言います。本当は、違うルートで帰ろうと思ったけれど、なんとなくこの道を歩いていたら小夜佳ちゃんがいたと言うのです。

私は、すぐさま、「この本を読んでほしいと思っていたんだよ」と紹介したんです。そのまま立ち話をして別れました。

ゆっくり寝た日は、そういうことが次々と起こるんです。本当に面白いなと思います。この本を読んでからは、いろんな実験もしています。たとえば、次男と同年齢の子どもたちの成人のお祝いの会を引き受けることになったとき、なかなか重労働で大変でした。最後の準備のために都心にある息子の学校まで行かなければならない日に、電車で座れるかなと思って出かけたところ、すごく混んでいたんです。やりたくないなと思っていると、こんなことになるんだと思いました。

【洋子】嫌だなと思っていることをやるのは、本来誰かがやるべき仕事を取り上げることになるんです。他に役割がある人がいるのに、自分がやるからそうなる。

【小夜佳】そのことを意識するようになったら、天国と地獄の違いくらい分かれてきました。それに気付いたら、命がけで皇の時代を生きないといけないなと思っちゃったんです。樂しくやれることだけやっていれば、すごくうまくいくのに、ちょっとでも嫌なことをすると、こんなことが起こるんだみたいになる。

日本がいちばん最初に皇になる

【洋子】そうなんです。いい人でいたいと自分を偽って嫌なことをすると、相手の餌食になるんですよ。いいように振り回されるんです。ちゃんと自分を持っていて、ちゃんと皇の時代を知っている人だったら、祖の誘いがきたときは「私は過去も将来も何も考えていません。今が幸せです」と言えば、相手は手も足も出ません。けれど、ぽんと祖の餌を投げてきたとき、嫌なのにいい人になって従っていると、ぱっと餌食になってしまい、相手のペースに乗せられて騙される。それは、自分で祖の誘いをつかんでしまっているんです。逆に、「私はこう思います」とはっきり言えば、相手と立場が逆転します。

この話をしたら、ある人は「本当によくわかりました」と言いました。それまでも同じことをお話ししたことがあったのですが、自然からのメッセージとして受け止めていないので、また同じことをくり返すんです。三回以上くり返すと、自然が見放しますから、いい人を演じていると、今は本当にうまくいかなくなる。しまいには誰にも相手にされなくなる。これは本当に怖いです。

【小夜佳】 今までは、お利口さんでいたほうが得する時代でしたよね。子どもたちは絶対にそういうことをしないんです。長男は、バイト先がすごく混んできて、一時間くらい残業してと頼まれたようですが、すごくドライに断って帰ってくるようです。

【洋子】 まったくそのとおりで、皇に近づくにしたがって、皆ドライになっていきます。

日本がいちばん最初に皇になります。アメリカは祖がいちばん強い国だから、祖の強い人はアメリカに逃げたくなるんです。なので日本にいても祖流にやりたい人にはアメリカがいちばん合っているんです。そこで活躍して世界から認められる人は祖のボスです。皆さんは、そういう人をこれからの人だと思うかもしれませんが、これからの人はそんな有名になりません。有名になる人は祖の人です。

私が小笠原さんに最初にお会いしたときに、「私は○○さんのゴーストライターをやっていました。自分の本は出版していません」と話しました。すると小笠原さんが「ああ、小山内さんは今までは自分の名前で本は出せないよ。出した瞬間に祖の人から袋叩きにあう。ゴーストライターしかできない」と言われました。

つまり、「これからの皇や秸の人種の人は祖の先祖に嫌われているから、目立つことや有名になることは絶対にない。今まで本を出せている人、ましてやベストセラー作家は祖の人だからできる」と。

今までの祖の時代の各界の有名人や活躍している人たちは皆、老若男女関係なく祖の人だということを、そのとき知りました。今まで低く見られていた人はこれからの皇の時代の人で、祖の人はいつかは亡くなっていきます。

もう一つ言っておかなければならない大切なことを思い出しました。

『自立共育』の本の中に、人生のリズムについて書かれています。これを見ますと、○歳から七歳のうち、○歳から三歳までは絶対に子どもに手を加えないと書かれていますが、結局、全部放っておく、放っておく（放ったらかしではなく黙って見守る）。どこまで行っても、放っておくなんです。皆さんに、このことを知ってほしいなと思っているんです。

もちろん、十四歳くらいまでは生命に関わることは見てあげなければなりませんが、あとは、放っておくでいいんです。そして、二十歳くらいの成人になって一旦親元を離れたら、二度と帰ってこないというのが本来の生き方です。

【小夜佳】 娘を見ていると、それに近い感じです。可愛い、可愛いと思いながら育ててきて、本人がやりたいと言うことは、できることならやらせてあげてきました。その娘がいちばん自立心旺盛で、家を出たがっています。

【洋子】 女性って強いんですよね。

【小夜佳】 真実さんとのライブでも、真実さんがおっしゃってくださいましたが（パートⅢ参照）、お母さんからすると、子どもを放っておくことがいちばん難しい。昨日、お子さんがいるお母さんたちと話をしているときも、放っておくことがいちばんできないと言っていました。私も最初はできませんでしたけれど、それができるようになったのは、子どもたちが体を張って教えてくれたからです。

私はボディセラピーの仕事をしていたので、体に触ることが得意だったんです。だから、子どもたちが口をきいてくれなくても、子どもたちが小さいころからよく抱っこをしたり、しんどそうなときは背中をなでたりして、体に触れるようにして育ててきました。話を聞いてくれなくても、体に触ることはできましたし、それもできないときは背中を見ることはできました。それによって、落ち込んでいるのか、緊張しているのか、楽しそうなのか、集中しているのか、観察しながら子どもたちのことを知る術を持っていたんです。

息子が「俺はつらいんだ」と言ってきたときに、足に触れるとエネルギーがまったくなくて、今、この子は本当にエネルギーがないんだとわかりました。友達と遊ばないで家にずっといたままで可哀そうだと思っても、体を見たり、触ったりしたとき、充足感があるような感じがしたら、この人は今一人でいても楽しめているんだなとわかりました。

よく、見て育てましょうと言われるけれど、そのことがもう少し深くわかると、お母さんたちも安心して、放っといて見守ることができるんじゃないかと思います。

【洋子】 テレビ番組で観たのですが、みんな楽しくやっているのに、うちの子はその輪に入れないと心配しているお母さんがいました。ところがその子に、ここに虫がいるよと大人が一声かけただけで友達の輪に入っていたそうです。

私は、「皆と仲良くしなさい」などと言うのは子どもにとって地獄だと思っています。嫌いな子は嫌いなままでいいんです。子ども同士が喧嘩をしても、放っておくと、子ども同士でちゃんと調整して解決していきます。子どもは子どもで生きる術をわかっています。

【小夜佳】 だから子育ては、放っておくにかぎりますね。

【洋子】 小夜佳さんのお話を伺って、こんなことを思い出しました。

小笠原さんは昔プライベート飛行機の操縦をされたことがあるそうですが、緊急事態が起きたとき、自分で何とかしようと力むと方向感覚がますますわからなくなり、もうダメだと手放して力を抜くと水平に戻るようになっているという話をされていました。

また、よく聞く話ですが、水中で溺れかけたとき、力んでもがけばもがくほど体は沈んでいき、もうダメだと力を抜いた瞬間浮かび上がるという話も聞きます。

天縄文理論の本でも、今まで一所懸命頑張ってやっているのにうまくいかない場合は、一度全部手放してゼロに戻してから、今までとまったく逆方向のことをやるとうまくいくということを書きました。

小夜佳さんの子育ての経過を伺いながら、これと同じことをやってこられたのかなあと思いました。やること成すことうまくいかず、一度すべて手放し肩の力を抜いたときに、自然と皇の子育てになっていたという感じですね。

これは子育てに限らず人生すべてに通じることであり、人生うまくいかなかったときは、ぜひこの法則を皆さんも試してみてください。きっと楽になると思います。

そしてもう一つ、最後に大事なことをお母さんたちにお伝えしたいと思います。

親だからいつもしっかり頑張らなきゃと思わなくてもいいですよ。体が辛いとき、心が折れそうになったときは、お子さんにそのことを正直に話して休んでくださいね。そして、もし自分が間違いに気付いたときには正直に謝ってください。そうすればお子さんも、心の中にある大人の不条理さを溶かすことができます。それが理論でいう〝自分が一番大切〟イコール〝他人も大事にする〟という意味です。それがルールどおりの生き方です。

小夜佳さん、いろいろ貴重なお話を聞かせていただき、どうもありがとうございました。

パートⅢ

「私がやってきたこと、ここに書いてある!」

——皇流の子育ての太鼓判をもらった!

大塚真実・遠藤小夜佳

ここでは、私（小山内洋子）も含め、たくさんの方たちに視聴していただいているYouTube『天縄文理論　皇の時代』の中で、仙台交流会主催者である大塚真実さんと遠藤小夜佳さんがライブされたものを転載して紹介します。

やってきたことがここに書いてあった

【真実】こんにちは。

【小夜佳】こんにちは。よろしくお願いします。

【真実】小夜佳さんがライブを配信されているのを見て、とっても素敵なお母さんだなと思って拝見していました。今日、こうしてお話をすることができてとてもうれしいです。

【小夜佳】ありがとうございます。

【真実】小夜佳さんが皇の時代を知ったのはいつかとか、きっかけとかを教えてもらってもいいですか。

【小夜佳】実はですね、まだ一カ月でして。

【真実】えっ、一カ月！

【小夜佳】お母さんたち向けにボディセラピーとか、心のあり方のセッションとかもするお仕事をしているのですが、そういう活動をしているなかで、お知り合いから、小夜佳さんはきっと好きになるからこの本（『皇の時代への大転換期　大人のための自立共育』）を読んでみてと紹介してもらったんです。

【真実】勧められて買ってみたんですか。

【小夜佳】そうなんです。それで、なんかピンと来て、すぐポチッとして。

【真実】ポチッとしたんですね。読まれてみてどうでした？

【小夜佳】私は三人子どもがいます。周りから見ると、ちょっと変わっているというか……。「子育て頑張ったね」「苦労したね」と言われることも多いのですが、自分は子どもたちと関わりながら、こうかな、ああかなと感覚的なもので解決してきた感じです。そうして肌感覚みたいなもので子育てをしてきて、今は子どもたちとすごくいい関係を築かせてもらっています。この本には、それが全部書いてあったから。

【真実】小夜佳さんが実践してきたことが書かれていたんですか。

【小夜佳】そうなんですよ。私は全部、直感とか肌感覚でやってきたので、基本的なことはわからないまま、こうでいいやと思ってきたことが、この本には、それが新しい時代の子育てだよみたいに書いてありました。だから、私は今まで新しい時代の子育てをやってきたんだなと、すごく合点がいき、納得できて嬉しくなってしまいました。

【真実】そうですか。私がやってきたこと、ここに書いてあるって。わかりますよ、私も「極和《きわみ》ファシリテーション」（日本古来の和をルーツとしたコミュニケーション術を伝える）をやって伝えてきたことが「皇の時代」の本に書いてあったので。まさに、やってきたことがここに書いてある。これでいいんだ、みたいな嬉しさがありますよね。

【小夜佳】そうなんですよね。今、正解ってたくさんあると思うし、子育ても子どもがいたら十人十色で、どれも正解というか。正しさっていろいろあると思うんですけれど、どうも一般的なものとうちはちょっと違うなという感じでずっときていました。それが、ここにちゃんと理論として書かれていて、おおむね間違ってはいなかった、良かったみたいに思ったんです。

【真実】すごい、この本を読んで安心したんですね。

【小夜佳】本当に安心しました。

【真実】それで交流会に行かれたんですか。

【小夜佳】そうなんです。面白いことに、なにかご縁がつながっていって、二月に東京で交流会を主催された方とご縁がつながることができ、それで真実さんも観てくださったフェイスブックライブでお話をしたら、ますます樂しくなっていきました。それで、やっぱり洋子さんに会ってみたいなと思い、先日はじめて交流会に参加しました。なので、本を読んでいる途中に参加したんです。

【真実】そうだったんですね。読み切る前に洋子さんにお会いしに行ったんですね。

【小夜佳】そうですね。

子どもの目線にとことん立つ

【真実】洋子さんとお会いしていかがでした？

【小夜佳】質問をさせてもらったり、懇親会でも洋子さんのお隣に座らせていただいたりして、私がやってきたことが本に書いてあったとお伝えしたら、「あら、あなた、皇流の子育てしてきたわね」と言ってくれたんです。

【真実】まあ、嬉しいですね。小夜佳さん、皇流の子育ての太鼓判をもらったんですか。なんか、それだけで嬉しいですね。

【小夜佳】そうですね、良かったと。今はこんなふうに笑いながら喋っていますけれど、いろいろと辛い時期がありました。今、うちの子たちは、いちばん上が二十六歳で、次は二十歳、その下が十五歳と大きくなりましたが、これまで上の子はニートとかうつで、真ん中の子は発達障害だし、いちばん下の子は学校に行かないという選択をしていて。

【真実】あら、今流行りのこと、全部なんですか。

【小夜佳】そうなんです。いろんなネタを持っているんです。

【真実】笑っちゃいけないかもしれないけれど、皇流に言うと、ネタがいっぱいあっていいですね。

【小夜佳】そうですよね。一つひとつ、そのときどきの私は、どうしようと不安になったり、悩んだりしたこともたくさんあったんですけれども。もちろん専門家に相談もしたし、本も読んだし。医療関係の方、カウンセラーさんとか学校の先生、あとはちょっと違うスピリチュアルな視点を持っている方の話も聞きました。本当にありとあらゆる方に相談をして、それぞれいろんな見方があるんだって思いました。

そのなかでできそうなことは試してみたけれど、どうもうちの子たちには通用しない。それぞれ事情は違いますが、私がいちばん良かったなと思うのは、子どもの目線にとことん立つということだったんです。

【真実】子どもの目線に立つ？

【小夜佳】子どもの調子が悪くて外に出られないとか、大変な思いをしているとかはよくわかるんです。だから、なんとかしてあげないといけないと思い、私が前に立って子どもたちの手を取り、こっちだよと導いてあげないといけないと思っていました。

【小夜佳】 小さいうちは、それが大事なんだと思うんですけれど、ある程度大きくなってきたら、私が前に行くのではなく子どもたちと横並びになるほうがいいんだと思いました。横並びの目線で、子どもたちが何を見ているのかなと考えていると、あっ、こっちを見ているんだとわかったりするんです。

もうちょっと自立というか自発的に何かできそうになったら、どんどん後ろ側にまわって、行く先々を見守るほうがいい。もはや一緒にも歩かない。私はここにいて見守るみたいな感じになりました。

たとえば発達障害の子はコミュニケーションが難しかったりするけれど、次男は電車に乗るのが好きで、電車に乗りたいと言って急に出かけちゃうんですね。最初は心配で一緒に行っていたんですけれど、しだいに彼のスピードについていけなくなったんですよ、彼は夢中でどんどん行ってしまうので。それに、私がいると楽しくなさそうなときもあって、一人で行かせるようになりました。

「万が一帰ってこなくても致し方ない」と腹をくくった

【真実】 ちゃんと帰ってきますか。

【小夜佳】「万が一、これで帰ってこなくても、それはそれで致し方ない」と腹をくくりました。なぜなら、彼の生命力というか、大袈裟かもしれないけれど彼が命をかけて、今日はこの電車に乗りたいと思って出かけて行くわけです。その自発的な、絶対にやりたいという欲求を止めることはできないから、私は家で待つことにしたんです。万が一、もう会えなくてもしょうがないないみたいな気持ちで。

それは、ちょっと一般的ではないし、非常識だと感じられるかもしれないですが。

【真実】それって、すごい覚悟がいると思うんですよ。無責任とか子育て放棄じゃなくて、待つってすごく大変だと思うんです。お世話するより待つほうがつらいと思うんです。それをやってこられたことがすごい。

皇の時代って、人との関係性が変わってきます。本には、家族だからといって一緒にご飯を食べなくてもいいとか、一人ひとり食べればいいと書かれているじゃないですか。そう書かれていることは知っていますけれど、とはいっても家族でご飯を食べたいなとか、やはり母親のことが心配だとか、子どものことが心配とかあるじゃないですか。

万が一帰ってこられなくても本人に任せる、というのは相当な覚悟だと思うんです。それをやってきたって、すごいですね。

【小夜佳】ででんと構えているふうに思われるかもしれませんが、言葉は悪いけれど、諦めるんです。私のエゴよりも、子どもたちのエネルギー、生命力のほうが強くて高いからもう諦めると言ったほうがいいかもしれません。いろいろやって失敗を重ねた結果、そうするしかないなと思うようになりました。そういう話を洋子さんに伝えたら「あなた、それ皇流ね」と言われて。

【真実】それって、本当に本に書いてあるとおりですね。

【小夜佳】私も「ああ、そうなんだ」みたいな感じでした。友達なんかにそういうことを話すと、びっくりされるんですね。すごく優しい方が多いので、子どもの後をついて歩く方が多いので。

この本には、二十歳になったら親元を離れて、そこから会わないみたいなことも書かれていますが、うちは二十歳を過ぎてもうちを離れてはいませんので、今後、子どもたちがそれぞれどうなるかなと思っています。

この本には皇の時代の子育てが書いてある

【真実】今、世の中で子育てに悩んでいるお母さんたちがたくさんいます。たとえば、お子さんがニートだったら、それだけでも悩みだと思うし、発達障害だったらそれだけで大変だし、不登校の子どもがいたらそれだけで悩んでしまうでしょう。小夜佳さんは、その三倍あるということですね。

【小夜佳】そうですね。

【真実】もう、なんかすごすぎ。よくぞ、お子さんたちは小夜佳さんを選んで生まれてきたなと思います。

【小夜佳】私が育った子ども時代と、今の子どもは感覚が違うなともものすごく感じています。私の理解を超えていることもあるので、あるときから、子どもたちは宇宙人だと思うことにしたんです。宇宙人だから地球の言葉が通じなくても当たり前だって。

【真実】わあ、面白い考えですね。

【小夜佳】私が日本語で、こうでしょ、ああでしょ、と言っても、文化も価値観も違うので伝わるわけがない。私は地球人のルールを伝えるだけしかできない。価値観が違うので、そもそも伝わるわけがないから、私は最低限の地球のルールを子どもたちに伝えるだけでいい。それも、身振り手振りで伝えたり、泣いたりして関わりながら伝えるしかないと思いながら現在に至っているんです。

【真実】いや、それって、この本に書いてある皇の時代の子育てそのものですね。

【小夜佳】まさか、それがここに書かれているとは思いませんでしたが、本を読んで、うちの子たちは新しい時代の子どもたちなんだと思えたんです。

しかも、女性がみんな自分を愛して自分らしく生きることができると、そんな子どもたちをもっともっと応援してあげられる。私はお仕事でも、女性たちにそういうことを伝えていきたいなと思っていたんですが、私自身は肌感覚でやっているだけなので確たるものがなかったんです。

でも、この本にはそれを裏付ける確かな理論があるので、これからは迷わずやっていけると思えました。この本と出会ったことで勇気づけられましたし、とってもありがたいことなんです。これからは、私の仕事でも自信をもって女性の生き方や子育てのあり方についてお話しができるのでワクワクしています。

【真実】世のお母さんたちに、悩みがあったら絶対この『自立共育』の本を読んでほしいなと思っています。小夜佳さんは本当にご苦労をされたと思うんですけれど、乗り越えてこられる小夜佳さんだから、お子さんたちは小夜佳さんのところに生まれてきたんでしょうね。

【小夜佳】 そうだったら嬉しいです。若いお母さんは、上手に多様性を受けとめられている方も多いですが、古い価値観を持っているお母さんたちは、新しい時代の子どもたちと触れ合うとびっくりすることがあると思います。若いお母さんでも、その上のおばあちゃまが古い価値観だと、おばあちゃまに言われて苦しんでいることもあると思います。

【真実】 お子さんとおばあさんの間に挟まれると、そういうこともあるでしょうね。

【小夜佳】 これまで私は、どうしてうちの子ばかりこうなるのだろう、どこで間違えたんだろうと何度も何度も思って、もう一度子育てをやり返せるなら保育園時代に戻ってやり直したいと思ったこともあります。だけど、皇の時代って血縁関係などは関係なくて、親子であるより自分の自立が大事なんですよね。

【真実】 そう、血縁関係よりお友達がいちばんの関係みたいになると書かれています。

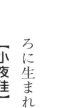

皇の時代の子育てを知るとすごく楽になる

【小夜佳】子育ても、もちろん自分の子どもをのびのびと育つように親として見守るのが理想だと思っているかもしれないし、そうした価値観でいろいろ言われることもあるかもしれない。そんなとき、真実さんみたいにパッと開けていらっしゃる方が、ママさんたちに何気に伝えてあげたり、動画で配信したりすることで、新しい時代の子育てを応援することにつながると思います。

子どもは、小さいときはいいけれど、大きくなると親の声が入らなくなるときがあります。そういうときは、斜めの関係で違う大人に新しい価値観の風を吹かせてもらうと、子どもっていきいきすると思います。

子育てが終わった人も、子育てをしたことがない人も、これからの人もみんなで、皇の時代の温かい風をどんどん吹かせることができるといいなと思います。

【真実】いろんな価値観があっていいし、子育てもこうじゃないとダメだとか思う必要はない。皇の時代の子育てを知ることで、こんな方法もあるんだとわかると、それだけでもちょっと子育てが楽になりますよね。

【小夜佳】命一つ見守るって、ほんとに大仕事ですね。楽に樂しくが皇の時代だから、子育ても楽に樂しくできれば素晴らしいと思います。だから、一人でも多くの方にこの『自立共育』の本を読んでほしい。すごく読みやすいので、本が得意ではない私でもスルスル読めました。

【真実】わかりやすいですよね。悩み事がある人ほど『皇の時代への大転換期 大人のための自立共育』を手に取ってお読みいただきたいなと思います。そして、今日の私たちの話も、子育て中のお母さんたちにぜひ届くといいなと願っています。

【小夜佳】本当ですね。読んでいただけたら嬉しいです。誰かと共有したいと思ったら、真実さんがそのための場所も作ってくださっています。

【真実】子育て中の方で、皇の時代の子育てについてお話ができる機会が広がっていくといいですね。

【小夜佳】そうですね。

【真実】そんなときは小夜佳さんの出番ですから、ぜひよろしくお願いしますね。
【小夜佳】ぜひ、よろしくお願いします。
【真実】小夜佳さん、今日は素敵なお話をありがとうございました。

YouTube
『天縄文理論　皇の時代』

おわりに

☆皇流の子育てを実践すると楽しく生きるヒントが見つかる

遠藤小夜佳

私のこれまでの人生の中でもっとも長い時間とエネルギーを注ぎ、消えていなくなりたくなるほど苦しく悩んだこと、それは子育てです。同時に、私にもっとも愛と歓び、生きる理由を与えてくれたのも子どもたちでした。

私の子育ては、重度のアトピー、発達障害、うつ、ニート、学校に行かない選択……と、現代社会で問題とされていること、すべて経験してきました。

本書の中でも触れていますが、一つひとつの出来事にかなり困惑し、悩み、迷いながら、各種の専門家や医療関係者、書籍、家族、先輩ママ、ママ友などに相談もしました。そのどれもが正しい情報のようで、実は我が家の子どもたちには合わないところもあり、結局、私が出した在り方は、これです。

「子どもは宇宙人で、私は宇宙ステーション。

宇宙人に日本語でいろいろ伝えても、言葉も文化も違うから伝わるわけがない。私は、そんな子どもたちに、地球に住むための最低限のルールだけ教えよう。そして、この子どもたちの自発性を尊重しよう。最後は生命力を信じよう」

ただし、このことが腑に落ちるまでには相当時間がかかりました。時に暗黒の時期も過ごしながら、現在は私も子どもたちも、それぞれが自分のペースで個性的に日々樂しく暮らしています。

そんな安堵を味わいつつあった二〇二四年一月。小山内洋子さんの著書『皇の時代への大転換期　大人のための自立共育』を友人に紹介されたのです。なんとなくピンときて、すぐに取り寄せたその本の背表紙に書かかれていた「異次元世界に生きる子どもたちの出現!」という言葉に衝撃を受け、深い興味を抱きながら夢中で読みました。

まず、「まさに、うちの子たちのことが書かれている!!」と驚きました。と同時に、これまでは、私の育て方が悪かったのか？　うちの子どもたちが個性的過ぎるのか？　と原因を親子関係の中に探していたのですが、宇宙の流れそのものが変化して、新しい時代の子どもたちとして生まれてきていたんだと心から安心できたのです。

同年二月に開催された交流会にもすぐ参加しました。交流会後の懇親会で、たまたま洋子さんの隣の席に座った私は、私の子どもたちのこと、私の子育てについてお話しし、本にはそのことが理論として書かれていて驚き、そしてとても安心しましたとお伝えしました。すると洋子さんから「あなたの子育ては、まさに皇流の子育てね！」と。

さらにその翌日、「皇流の子育ての実践編として本を書いてみない？」とお声をかけていただきました。書籍の執筆はまったく未経験でしたが、不安な気持ちよりも先に私の中の何かに「やろう。そのために今までがあったのだから」と強く背中を押されているような感覚が湧いてきて、お引き受けしました。

この本を手に取ってくださった方は、子育て中のお母さんでしょうか？　子育ては終わったけれどご家族の在り方を考えている方でしょうか？　あるいは教育関係の方や職場で若いスタッフと働く方かもしれません。さらには、直接子育てはしていないけれど皇流の子育てに興味をお持ちの方など。

私はあくまでも一般的な母親です（子育てには少々苦労したかもしれませんが……）。また、天縄文理論についてはまだまだ知識も理解も足りていないことのほうが多いと思います。そして、この本に書かれていることは、我が家の一部のエピソードに過ぎません。

ただ、この本の中に、新しい時代の子どもたちがその輝きを失わずに、樂しく暮らすことができるヒントが見つかったり、本を手にしてくださったあなた自身があなたらしく皇流の子育てを実践して樂しく楽に幸せに生きるヒントが見つかれば、とても嬉しく思います。

最後に私に皇の時代の書籍を紹介してくださった檜山尚美さん、交流会に誘ってくださった阿部文子さん、ＹｏｕＴｕｂｅでエピソードを上手に引き出してくださった大塚真実さん、書籍の出版を手がけてくださったコスモ21の山崎社長、私の人生にミラクルを起こしてくださった小山内洋子さん、そして三人の愛する子どもたちに大きな感謝を捧げます。

二〇二四年五月吉日

☆素敵な出会いから生まれた絵で本書をデザインできました！

小山内洋子

カバー（表）の花の絵を描いてくれた竜之介くんに私が初めて会ったのは二〇二四年一月、東京の樂習界（有料動画視聴者限定の会）でした。お母さんに連れられて来て、私が話しかけてもママの後ろに隠れるシャイな男の子でした。ところが帰りの新幹線の中で「ああ樂しかった。また行きたい」と。それから毎日私の話を一回はするようになり、「りゅうくんとようこさんは、なんで気があうのかな」と独り言のように言っていますとママからの情報。

再会は同年三月母親のあづみさんが静岡交流会を主催されたその会場。私の席に野の花が小さなコップに生けてありました。りゅうくんがやってくれたことを知り、私は思わずウルウル。

翌日、りゅうくん一家がやっている里山の畑で七人で野菜を採り、料理に食事におしゃべり。その合い間にりゅうくんと遊んだ私は、童心に還って〝おてんば洋子〟が出てしまい、一同ビックリ‼　りゅうくんはそのときも、野花を摘んでは私にくれる。私が藤の椅子に座った途端、机を引き寄せ、大きな葉っぱを敷いてお盆に飾り付け、コップに水。食事は皆とは別に軒下にゴザを敷き、小さな机を運んで食事を運び、次々と思いつく限りのおもてなしをしてくれました。

彼は一つひとつ「おいしいね！　おいしいね！」と食べるのです。そのとき、まったく思いもよらない見事なホスト振りを目の当たりにした母あづみさんは、ただただ微笑みながら見守る。

そしていよいよ帰るとき、りゅうくんが何やら夢中で絵を描いていました。新幹線の駅の改札口まで送ってくれたりゅうくんが、摘んだ野花の花束と一緒にそっと何かを私にくれて、大きな声でバイバイ!!　ホームでそれを見ると、先ほど描いていた絵紙を無造作に破った中に、懐かしい栗せんべいが一つ包まれていました。私の心は……。

帰宅してすぐ、その絵にアイロンを掛け、野花はガラスの花びんに生けました。後日、あづみさんとりゅうくんの手紙が届きました。「息子も一層洋子さんが好きになり、次に会えるのがいつなのかと楽しみにしている様子。やまねこくらぶで洋子さんにかいがいしくホストする竜之介に、大好きな人への気持ちがあふれ出す素敵さを教えてもらったように感じています」

この竜之介くんと私との出会いには、理論的に重要な意味がありました。りゅうくんと私は〝魂友〟すなわち魂のパートナーだということがわかりました。

さらに、里山での彼のおもてなし方からわかったことは、四十年後には、女性は自分が欲しいと思う前に叶うということ、たとえば○○が食べたいと思う前にパートナーがそれを目の前に持ってきてくれるということです。

私の動画で、この理論的気付きとりゅうくんの手紙と、母あづみさんの感動と、アイロンを掛けたお花の絵を紹介しました。りゅうくんと私の関係性に感動しましたという反響がすごかったです。

そして、この度、そのアイロンを掛けたりゅうくんの花の絵が本書の表紙を飾ってくれました。

後日、あづみさんから聞いた話です。この動画を母子で視聴した後、りゅうくんが何やら考え込んでいる様子。あづみママが「何考えてるの？」と聞くと、りゅうくんは「それ聞く？」と立ち去ったそうです。しばらくして、「りゅうくんは洋子さんの気持ちがわかっちゃうんだよね～」と楽し気に言っていましたとあづみさん。

私の気持ちは、りゅうくんにはお見透《とお》しのようです。けれどシャイなので、私とはあまり話せない、甘えない、ただただ私に与えるだけで見返りを求めない。これが魂の友というものか。新感覚。彼を視ていると、何があっても一人で生き延びられるだろうと思わせる生命力、想像力、行動力、そして抜群の知恵の持ち主。恐るべし!!　八歳。今はオルタナティブスクールに通っています。

次はカバー（裏）の星の絵を描いてくれた井ノ山遥一ちゃん（八歳）のことです。ようちゃんと私はまだお会いしたことはありませんが、この絵は今年の私の誕生日祝いに送ってくれた手紙に描いてくれたものです。母親は二〇二三年七月、北海道交流会を主催してくださった千奈美さん。皆さんの中には千奈美さんのブログ「皇の時代@北海道みぃの子育て日記」をご覧になられた方もいらっしゃるかもしれません。私は、そのブログを拝見して感動しています。

母親の千奈美さんが私の有料動画を視ている傍らで遊びながら、なんとなく観ているようようちゃん。あるとき、「ママ、ぼく、おこづかいなくてもいいんだよね。皇のお金は必要なときに入ってくるんでしょ!!」と。

また、父親がようちゃんに将来のことを聞くと、「僕、ゆっくり、のんびり生きたい!!」と。父親は「今の子は皆そうなのか？」と戸惑っていたとか。

今年のゴールデンウィークに父親と遊びに行くことに。母千奈美さんが、しばらく子どもと付き合っていなかったので気づかって「ママも一緒に行ったほうがいい？」と聞くと、ようちゃんは「ママの気持ちが大事でしょ。ママは行きたいの？　行きたくないの？」「ママは行きたくないのかな？」「じゃ、行かなくていいんじゃない？」

こんなやりとりを千奈美さんから伺い、どちらが大人だかわからなくなりました。恐るべし‼　ここにも素敵な八歳がいました。今は自由な校風の私立小学校に通っています。

本文中の可愛い赤ちゃんの挿絵を描いてくれたのは、本書にも登場する小夜佳さんの長女さんです。

最後に、本書へのご協力、ご快諾をいただいたすべての方に、改めて、この場をお借りして感謝申し上げます。

二〇二四年五月吉日

●著者プロフィール

小山内　洋子（おさない　ようこ）

天縄文理論研究家。神奈川県横浜市出身。出版社勤務などを経て現職。1994年（平成６年）から16年間、宇宙物理研究家の故・小笠原慎吾さんに師事。全国各地の交流会に招かれる。
著書は、一般書として『改訂版　大転換期の後　皇の時代』『皇の時代への大転換期　大人のための自立共育』、理論書として『改訂版　これから二五〇〇年続く皇・縄文時代　天縄文理論』（コスモ21刊）を出版。他に『いよいよはじまる、皇の時代　天縄文理論はどのように生まれたのか』（エムエム・ブックス刊）。

遠藤小夜佳（えんどう　さやか）

1973年長野県生まれ、札幌育ち。女性と子どもの心と体にアプローチするセラピストとして活動。離婚を機に会社員へ。2021年婦人科系疾患により子宮摘出し、生き方を見直す。新しい時代の子どもたちが生きやすい世界を創造するため、大人が自立し新しい視点や気づきをもつことを伝えるメッセンジャーとして活動を開始。

アメブロ：https://ameblo.jp/sora-necco/
Instagram：https://www.instagram.com/sora.necco/

◎ホームページ

https://ounojidaisalon.jimdosite.com/

◎天縄文理論を詳しく学べる有料の動画も配信中。

希望者は「戦略研究所」https://www.st-inst.co.jp にアクセスし、「無料メールマガジンのご案内」の「詳細を見る」をクリック、「新時代の戦略思想」コーナーでメールアドレスを入力して登録をクリックする。

◎エムエム・ブックス『いよいよはじまる、皇の時代 天縄文理論はどのように生まれたのか』

理論研究の根底に横たわる背景や、理論がどのように構築されていったか、がよくわかる。

皇の時代への大転換期
「自立共育」子育て実践編

2024年7月1日　第1刷発行

著　者———小山内洋子　遠藤小夜佳

発行人———山崎 優

発行所———コスモ21
〒171-0021　東京都豊島区西池袋2-39-6-8F
☎03(3988)3911
FAX03(3988)7062
URL https://www.cos21.com/

印刷・製本——中央精版印刷株式会社

定価はカバーに表示してあります。

ISBN978-4-87795-434-5 C0030